桥梁风洞试验指南

Guidelines for
Wind Tunnel Testing of Bridges

《桥梁风洞试验指南》编写组

人民交通出版社股份有限公司
China Communications Press Co.,Ltd.

内 容 提 要

本书是编写组近十年来在桥梁风洞试验理论方法和工程实践方面的研究总结，同时包含了土木工程防灾国家重点实验室 1 项自主课题和 4 项开放课题的研究成果。全书共分 12 章，内容包括：总则、术语和符号、基本规定、风洞试验设备、风场模拟、动力特性、桥梁风洞试验相似准则、节段模型测力试验、节段模型测振试验、桥塔自立状态测振试验、全桥气弹模型试验、斜拉索模型试验。

本书可供桥梁科研、设计及施工人员使用，也可供高等院校高年级本科生及研究生学习参考。

图书在版编目（CIP）数据

桥梁风洞试验指南／《桥梁风洞试验指南》编写组
编著 . — 北京 ：人民交通出版社股份有限公司，2018.7
ISBN 978-7-114-14704-3

Ⅰ. ①桥… Ⅱ. ①桥… Ⅲ. ①桥梁试验—风洞试验—
指南 Ⅳ. ①U446.1-62

中国版本图书馆 CIP 数据核字（2018）第 097677 号

书 名：桥梁风洞试验指南
著 作 者：《桥梁风洞试验指南》编写组
责任编辑：李 喆
责任校对：刘 芹
责任印制：刘高彤
出版发行：人民交通出版社股份有限公司
地 址：（100011）北京市朝阳区安定门外外馆斜街 3 号
网 址：http：//www.ccpcl.com.cn
销售电话：（010）59757973
总 经 销：人民交通出版社股份有限公司发行部
经 销：各地新华书店
印 刷：北京交通印务有限公司
开 本：880×1230 1/16
印 张：7
字 数：150 千
版 次：2018 年 7 月 第 1 版
印 次：2022 年 8 月 第 2 次印刷
书 号：ISBN 978-7-114-14704-3
定 价：56.00 元

《桥梁风洞试验指南》编写组

主　　编：葛耀君（同济大学）

编写人员：（以姓氏拼音为序）

　　　　　曹丰产（同济大学）

　　　　　李加武（长安大学）

　　　　　刘庆宽（石家庄铁道大学）

　　　　　马存明（西南交通大学）

　　　　　杨詠昕（同济大学）

　　　　　张志田（湖南大学）

　　　　　赵　林（同济大学）

前　　言

　　全世界公认的风工程研究和评价的最有效方法是风洞试验，加拿大、美国、日本等风工程研究强国基于坚实的理论研究和大量的风洞试验，先后编制出关于房屋和结构的风洞试验指南或规程。20 世纪 60 年代，加拿大西安大略大学在建成了全世界最早的边界层风洞后，不断更新结构风洞试验方法和标准，形成了一整套结构风洞试验方法和规程——《Wind Tunnel Testing：a general outline》。美国土木工程师学会在 1987 年出版了《Wind Tunnel Studies of Buildings and Structures》，对包括大跨桥梁、高层建筑等风敏感结构的风洞试验原理和方法进行了说明。日本建筑综合试验所在 1988 年出版了《建筑结构风洞试验手册》，日本建筑中心在 1994 年出版了《建筑物风洞试验指南》，对建筑结构的风力风压试验、气弹模型试验和风环境试验等的风洞试验方法提出了具体的规定。我国《建筑工程风洞试验方法标准》（JGJ/T 338—2014）于 2014 年颁布实施。

　　全世界范围内针对桥梁结构风洞试验方法的规范或说明很少，日本在研究设计本州四国连络桥时，由本州四国连络桥公团（现改制为本州四国连络高速道路株式会社）分别在 1980 年和 1990 制定了"本州四国连络风洞试验要领及说明"和"明石海峡大桥风洞试验要领及说明"。同时，日本道路协会在 1991 年出版了《道路桥抗风设计手册》。加拿大西安大略大学和美国土木工程师学会的建筑和结构风洞试验方法标准也被引用到桥梁风洞试验中。我国的同济大学、西南交通大学、湖南大学、长安大学和石家庄铁道大学等在大量桥梁结构风洞试验的基础上，形成了类似于加拿大西安大略大学边界层风洞实验室的方法和标准，用于指导和规范各自单位的桥梁风洞试验。

　　为了满足桥梁工程师们的要求，推动大跨度桥梁的发展，保证桥梁风洞试验方法的规范性和结果的可靠性，同济大学先后联合长安大学、湖南大学、西南交通大学和石家庄铁道大学等桥梁风洞试验研究单位，于 2011 年联合成立了《桥梁风洞试验指南》编写组。编写组成员在同济大学土木工程防灾国家重点实验室 5 个课题共 240 万元经费的资助下开展研究工作，项目包括："桥梁结构风洞试验关键相似条件及应用指南"（2010～2014 年，120 万元，课题负责人葛耀君）、"典型桥梁结构断面节段模型风洞试验及振动特性研究"（2011～2015 年，30 万元，课题负责人李加武）、"全桥气弹模型风洞试验相似理论与方法"（2011～2015 年，30 万元，课题负责人张志田）、"桥塔模型风洞试验相似理论与方法"（2012～2017 年，30 万元，课题负责人马存明）、"斜拉索气动力及其雷诺数效应研究"（2013～2017 年，30 万元，课题负责人刘庆宽）。

　　编写组从 2011 年 1 月～2017 年 9 月先后在同济大学（4 次）、长安大学（2 次）、湖南大学（1 次）、西南交通大学（1 次）和石家庄铁道大学（1 次）召开了 9 次研讨会，9 次修改本指南内容。2018 年 1 月，编写组邀请了中国土木工程学会桥梁及结构工程分会风工程委员会的主任、副主任和委员，同济大学朱乐东教授、西南交通大学李明水教授、中国交通建设股份有限公司技术中心鲍卫刚教授级高级工程师、中铁大桥勘测设计院有限公司李龙安教授级高级工程师、中南大学何旭辉教授、湖南大学华旭刚教授和中交公路规划设计院有限公司刘天成教授级高级工程师等在广西柳州召开了专家咨询会。在充分吸收咨询专家书面意见、个人发言和集体讨论的基础上，编写组作了最后的修改、调整和完善，形成了现在的《桥梁风洞试验指南》。

本书是在国内外现有桥梁风洞试验研究的基础上编著的专门针对各种桥梁风洞试验的指南，全书共分四个部分。第一部分是指南正文——条文，包括总则、术语和符号、基本规定、风洞试验设备、风场模拟、动力特性、桥梁风洞试验相似准则、节段模型测力试验、节段模型测振试验、桥塔自立状态测振试验、全桥气弹模型试验和斜拉索模型试验，共 12 章，具体规定和建议了桥梁风洞试验方法；第二部分是指南附件——条文说明，与正文一一对应，也是 12 章，对指南条文逐一进行了解释，给出了依据，限定了条件；第三部分是指南附录——4 个附录，分别是附录 A 桥梁结构阻尼规范值和实测值、附录 B 桥塔自立状态测振风洞试验方法、附录 C 全桥气弹模型风洞试验方法和附录 D 斜拉索模型风洞试验方法，附录主要是对条文说明中的阻尼进行了补充说明，并给出了桥塔模型、全桥模型和拉索模型的风洞试验示例；第四部分是参考文献，作为对条文说明和附录的支撑材料。

我们真诚地希望读者在阅读和使用《桥梁风洞试验指南》的过程中，不吝提出意见和建议，通过试用和质疑，使我们再对一些相关问题进行深入研究，为早日制定我国桥梁结构风洞试验标准而共同努力。

《桥梁风洞试验指南》编写组
2018 年 3 月

目　次

1　总则

1.0.1　为保证桥梁风洞试验方法的规范性和结果的可靠性，制定本指南。

1.0.2　本指南适用的桥梁类型是悬索桥和斜拉桥，也可供拱式桥和梁式桥及其组合形式的桥梁风洞试验参考。

1.0.3　本指南适用于热带气旋和季候风等引起的桥梁结构风效应的试验研究。

1.0.4　桥梁风洞试验，除应满足本指南外，尚应符合国家现行有关标准或规范的规定。

2 术语和符号

2.1 术语

2.1.1 大气边界层 atmospheric boundary layer
地球表面受地表粗糙度影响的平均风和脉动风等随高度明显变化的大气层部分。

2.1.2 风洞 wind tunnel
在按一定要求设计的管道系统内，使用动力装置驱动可控制的气流，进行各种空气动力试验的设备。

2.1.3 大气边界层风洞 atmospheric boundary layer wind tunnel
可以模拟大气边界层流场特性——平均风和脉动风的管道状试验设备。

2.1.4 风洞试验 wind tunnel test
在风洞中研究空气流经结构的流动现象和气动效应的试验。

2.1.5 节段模型测力试验 force balance test of sectional model
在风洞中测量桥梁构件刚性节段模型受力的试验，一般指测量模型静力三分力的风洞试验。

2.1.6 节段模型测振试验 aerodynamic test of sectional model
在风洞中测量桥梁构件的弹性悬挂刚性节段模型振动的试验，一般指测量模型非定常气动力和气动响应的风洞试验。

2.1.7 桥塔自立状态测振试验 aerodynamic test of free-standing pylon
在风洞中测量桥塔自立状态模型气动响应的试验，一般指测量多自由度桥塔模型气动响应的风洞试验。

2.1.8 全桥气弹模型试验 aeroelastic model test of full bridge
在风洞中测量全桥气弹模型气动响应的试验。

2.1.9 斜拉索模型风雨振试验　rain-wind induced vibration test of stay cable model
在模拟风雨环境的风洞中测量斜拉索模型气动响应的试验。

2.1.10 风剖面　wind profile
大气边界层中风场参数大小随高度变化的形态，主要包括平均风速剖面和紊流强度剖面。

2.1.11 紊流强度　turbulence intensity
一定时距内，脉动风速均方根与平均风速的比值，又称紊流度或湍流度。

2.1.12 紊流积分尺度　turbulence integral scale
引起风速脉动的旋涡沿某一指定方向平均尺寸的量度。

2.1.13 风向角　wind directional angle
风向与水平面的夹角（风攻角）和竖直面的夹角（风偏角）的统称。

2.1.14 几何缩尺比　geometric scale
试验模型与结构原型几何尺寸的比值。

2.2　符号

η——动压稳定系数；

$\dfrac{\mathrm{d}C_\mathrm{p}}{\mathrm{d}x}$——轴向静压梯度；

ξ——风速平均偏差系数；

$\Delta\alpha$——试验段横截面气流竖直方向角；

$\Delta\beta$——试验段横截面气流水平方向角；

v_z——z 高度处的平均风速；

z_g——梯度风高度；

z_b——截断高度；

α——风攻角；

β——风偏角；

α_0——平均风剖面指数；

σ_u、σ_v、σ_w——顺风向、水平横风向和竖向脉动风速标准差；

l_u、l_v、l_w——顺风向、水平横风向和竖向的脉动风紊流强度；

L_u^x、L_u^y——顺风向和水平横风向的顺风向紊流积分尺度；

A_c——风洞试验段横截面面积；

A_m——试验模型在试验段横截面的最大投影面积；

γ——阻塞比；

f——频率；

L——特征尺寸；

S_u——紊流来流纵向分量自功率谱；

Re——雷诺数；

μ——空气动力黏性系数；

Fr——弗劳德数；

g——重力加速度；

Eu——欧拉数；

p——空气压力；

Ca——柯西数；

E——弹性模量；

A——构件横截面面积；

I——构件横截面抗弯惯性矩；

J_d——构件横截面自由扭转惯性矩；

J_w——构件横截面约束扭转惯性矩；

m——单位长度质量；

I_m——单位长度质量惯性矩；

λ——模型和原型对应物理量缩尺比；

t——时间；

T——张力；

G——剪切模量；

δ——结构阻尼对数衰减率；

F_D、F_L、M_Z——风轴坐标系下单位长度阻力、升力和升力矩；

F_H、F_V、M_Z——体轴坐标系下单位长度顺风向力、横风向力和升力矩；

C_D、C_L、C_M——风轴坐标系下阻力系数、升力系数和升力矩系数；

C_H、C_V、C_M——体轴坐标系下顺风向力系数、横风向力系数和升力矩系数；

H——节段模型特征高度；

B——节段模型特征宽度；

Sc——Scruton 数；

ρ——空气密度；

v——风速；

ζ——阻尼比；

z_0——地面粗糙高度；

z_g——梯度风高度。

3 基本规定

3.1 试验方法

3.1.1 桥梁风洞试验过程主要由试验设备选择、试验风场模拟、动力特性分析、模型设计制作、模型风洞试验、测试数据处理和试验报告撰写等部分组成。

3.1.2 桥梁风洞试验类型主要包括节段模型测力试验、节段模型测振试验、桥塔自立状态测振试验、全桥气弹模型试验和斜拉索模型试验等。

3.1.3 节段模型测力试验主要采用力传感器测量桥梁构件刚性节段模型的静气动力系数。

3.1.4 节段模型测振试验主要采用位移、加速度等传感器测量桥梁构件刚性节段模型的非定常气动力系数和气动响应。

3.1.5 桥塔自立状态模型测振试验主要采用位移、加速度等传感器测量桥塔自立状态气弹模型的气动响应。

3.1.6 全桥气弹模型试验主要采用位移、加速度等传感器测量全桥气弹模型的气动响应。

3.1.7 斜拉索模型试验主要采用力、位移、加速度传感器和降雨模拟装置等设备测量斜拉索刚性节段模型的气动力系数和振动响应。

3.2 试验要求

3.2.1 边界层风洞应符合第 4 章所规定的流场品质要求。

3.2.2 风洞试验的风场应符合第 5 章的相关规定。

3.2.3 除测力试验外，其余风洞试验应依据结构动力特性设计模型。

3.2.4 模型设计应按照第 7 章的规定确定相应的相似准则，并根据模型类型参照相应规定确保模型品质。

3.2.5 模型风洞试验的风速应根据模型试验内容、测量仪器精度和频率、相似准则等因素确定。

3.2.6 模型风洞试验时，应保持试验风速稳定。模型姿态改变后，应待风速稳定后再进行数据采集。

3.3 数据处理

3.3.1 参考风速的测量位置，应避免受到模型和洞壁的影响。

3.3.2 信号采集时，应保证设备性能良好并避免干扰。

3.3.3 对于信号采样的时间长度，应保证统计结果的稳定性和有效性。

3.3.4 随机测试信号的极值计算可采用峰值因子法或极值统计法，并保证信号的真实性。

3.4 试验报告

3.4.1 桥梁风洞试验报告的内容应包括试验对象、试验目的、试验内容和主要结论，以及试验照片。

3.4.2 应描述试验对象——被试验桥梁的设计概况和关键参数，以及模型误差。

3.4.3 应表明当前试验的目的，如检验结构风致稳定性、使用性能，确定风荷载等。

3.4.4 应列出为达到试验目的而开展的各项研究内容，如桥位风特性分析、结构动力特性分析、风洞试验、理论分析等。

3.4.5 在桥位风特性分析中，应说明桥位基本风速和风场类型，并给出各项设计基准风速和检验风速。

3.4.6 在动力特性分析中，应说明有限元建模的力学模型、基本参数、分析方法，并列出主要振型的频率、振型图和等效质量（质量惯性矩）。

3.4.7 风洞试验内容应说明模型设计和安装、风场模拟、试验工况等主要情况，并列出试验的主要发现、结果及其分析。

3.4.8 理论分析内容应说明建模过程、主要参数选取、分析方法，并列出主要分析结果。

3.4.9 在总结各项试验结果的基础上，应针对试验目的提出明确的结论。

4　风洞试验设备

4.1　风洞设备

4.1.1　适用于桥梁风洞试验的风洞，一般为低速风洞（忽略空气压缩），按照风洞洞体的结构形式可分为直流吹式风洞、直流吸式风洞、回流卧式风洞和回流立式风洞。

4.1.2　风洞试验段截面尺寸应根据模型试验所要求达到的最大模型尺寸选取。

4.1.3　风洞正式投入使用前应进行流场校测和验收。

4.2　流场品质

4.2.1　风洞流场品质参数主要包括气流稳定性、紊流强度、轴向静压梯度、风速均匀性和风向均匀性等。

4.2.2　气流稳定性一般用动压稳定系数来衡量，动压稳定系数应满足 $\eta \leqslant 1.0\%$。

4.2.3　气流紊流强度一般用气流纵向紊流强度来衡量，试验段截面气流紊流强度应满足 $I_{\mathrm{u}} \leqslant 2.0\%$。

4.2.4　轴向静压梯度应满足 $\dfrac{\mathrm{d}\overline{C_{\mathrm{p}}}}{\mathrm{d}x} \leqslant 0.01/\mathrm{m}$。

4.2.5　风速均匀性一般用试验段截面风速平均偏差系数来衡量，试验段截面风速平均偏差系数应满足 $\xi \leqslant 1.0\%$。

4.2.6　风向均匀性一般用气流竖直和水平风向角来衡量，试验段截面气流竖直方向角 $|\Delta\alpha| \leqslant 1.0°$，水平风向角 $|\Delta\beta| \leqslant 1.5°$。

4.3　测试设备

4.3.1　桥梁风洞试验常用测试设备包括气流测试设备、结构测振设备和测力设备。

4.3.2　风洞测试设备应具有合格证书或校测报告，自主研发的风洞测试设备应具备表明其性能指标的相关文件。

4.3.3　风洞测试设备的量程、精度和采样频率等应满足相应风洞试验的测量需求。

4.3.4　风洞测试设备应具备操作规程，定期进行保养和校准，确保试验时处于正常工作状态。

5 风场模拟

5.1 均匀风场模拟

5.1.1 试验区域内平均风速应与紊流强度的水平方向保持一致，竖直方向满足相应风剖面试验要求。

5.2 边界层风场模拟

5.2.1 平均风速：剖面应按式（5.2.1）模拟。

$$v_z = v_{10}\left(\frac{z}{10}\right)^{\alpha_0} \qquad z_b < z < z_g \qquad (5.2.1)$$

式中：v_z——z 高度处风速（m/s）；

v_{10}——10m 高度处风速（m/s）；

z——离地面或水面高度（m）；

α_0——风速剖面指数，应按表 5.2.1 取值；

z_g——梯度风高度（m），应按表 5.2.1 取值；

z_b——b 截断高度（m）。

表 5.2.1 平均风速剖面参数

地表粗糙类别	A	B	C	D
粗糙度指数 α_0	0.12	0.16	0.22	0.30
粗糙高度 z_0（m）	0.01	0.05	0.30	1.00
梯度风高度 z_g（m）	300	350	400	450

5.2.2 紊流强度：顺风向、横风向和竖向紊流强度应按式（5.2.2-1）~式（5.2.2-3）计算。

$$I_u(z) = \frac{\sigma_u(z)}{v_z} \qquad (5.2.2-1)$$

$$I_v(z) = \frac{\sigma_v(z)}{v_z} \qquad (5.2.2-2)$$

$$I_w(z) = \frac{\sigma_w(z)}{v_z} \qquad (5.2.2\text{-}3)$$

式中：$I_u(z)$、$I_v(z)$、$I_w(z)$ ——高度 z 处顺风向、横风向和竖向的紊流强度；

$\sigma_u(z)$、$\sigma_v(z)$、$\sigma_w(z)$ ——高度 z 处顺风向、横风向和竖向脉动风速的标准差。

顺风向紊流强度 l_u 根据表 5.2.2 取值，横风向和竖向紊流强度可分别取为 $l_v = 0.88l_u$，$l_w = 0.50l_u$。

表 5.2.2 顺风向紊流强度

高度（m）	地表粗糙类别			
	A	B	C	D
$10 < z \leqslant 20$	0.14	0.17	0.25	0.29
$20 < z \leqslant 30$	0.13	0.16	0.23	0.29
$30 < z \leqslant 40$	0.12	0.15	0.21	0.28
$40 < z \leqslant 50$	0.12	0.15	0.20	0.26
$50 < z \leqslant 70$	0.11	0.14	0.18	0.24
$70 < z \leqslant 100$	0.11	0.13	0.17	0.22
$100 < z \leqslant 150$	0.10	0.12	0.16	0.19
$150 < z \leqslant 200$	0.10	0.12	0.15	0.18

5.2.3 紊流积分尺度：紊流积分尺度是引起风速脉动的旋涡沿某一指定方向平均尺寸的量度。由于旋涡的三维特性，因此对应三个脉动风速和空间的三个方向，共有 9 个紊流积分尺度，其统一的数学定义如式（5.2.3-1）所示：

$$L_r^a = \int_0^\infty \frac{C_{a_1 a_2}(r)\,\mathrm{d}r}{\sigma_a^2} \qquad (5.2.3\text{-}1)$$

式中：　a——$a = u$，v，w；

　　　　r——$r = x$，y，z；

　　　　σ_a^2——脉动分量 a 的方差；

$C_{a_1 a_2}(r)$ ——相距 r 的两点上的脉动风速之间的互协方差函数。

顺风向 x 和横风向 y 的紊流积分尺度可按照式（5.2.3-2）、式（5.2.3-3）计算，模拟宜参照表 5.2.3 取值。

$$L_u^x = \int_0^\infty \frac{C_{u_1 u_2}(x)\,\mathrm{d}x}{\sigma_u^2} \qquad (5.2.3\text{-}2)$$

$$L_u^y = \int_0^\infty \frac{C_{u_1 u_2}(y)\,\mathrm{d}y}{\sigma_u^2} \qquad (5.2.3\text{-}3)$$

表 5. 2. 3　顺风向和横风向紊流积分尺度

离地高度（m）	紊流积分尺度（m）	
	L_u^x	L_u^y
$z \leq 10$	50	20
$10 < z \leq 20$	70	30
$20 < z \leq 30$	90	40
$30 < z \leq 40$	100	50
$40 < z \leq 50$	110	50
$50 < z \leq 70$	120	60
$70 < z \leq 100$	140	70
$100 < z \leq 150$	160	80
$150 < z \leq 200$	180	90

5.3　风场校验

5.3.1　模型试验控制点的平均风速应作为试验参考风速，其他各测点平均风速与目标值的允许相对偏差应为 ±5%；模型风速控制点高度处的紊流强度与目标值的允许绝对偏差应为 ±0.02，其他各测点紊流强度与目标值的允许绝对偏差应为 ±0.03。

5.3.2　模型试验控制点高度的平均风速的横向允许偏差应为 ±2.5%，紊流强度的横向允许绝对偏差应为 ±0.02。

6 动力特性

6.1 一般规定

结构动力特性包括结构的自振频率、振型及阻尼比，大跨度桥梁的自振频率及相应的振型应采用有限元方法计算。

6.2 典型主梁断面

6.2.1 典型主梁断面主要包括 5 类：A. 开口；B. 半开口；C. 闭口；D. 分体；E. 桁梁。图 6.2.1 所示为不同断面类型的示意图。

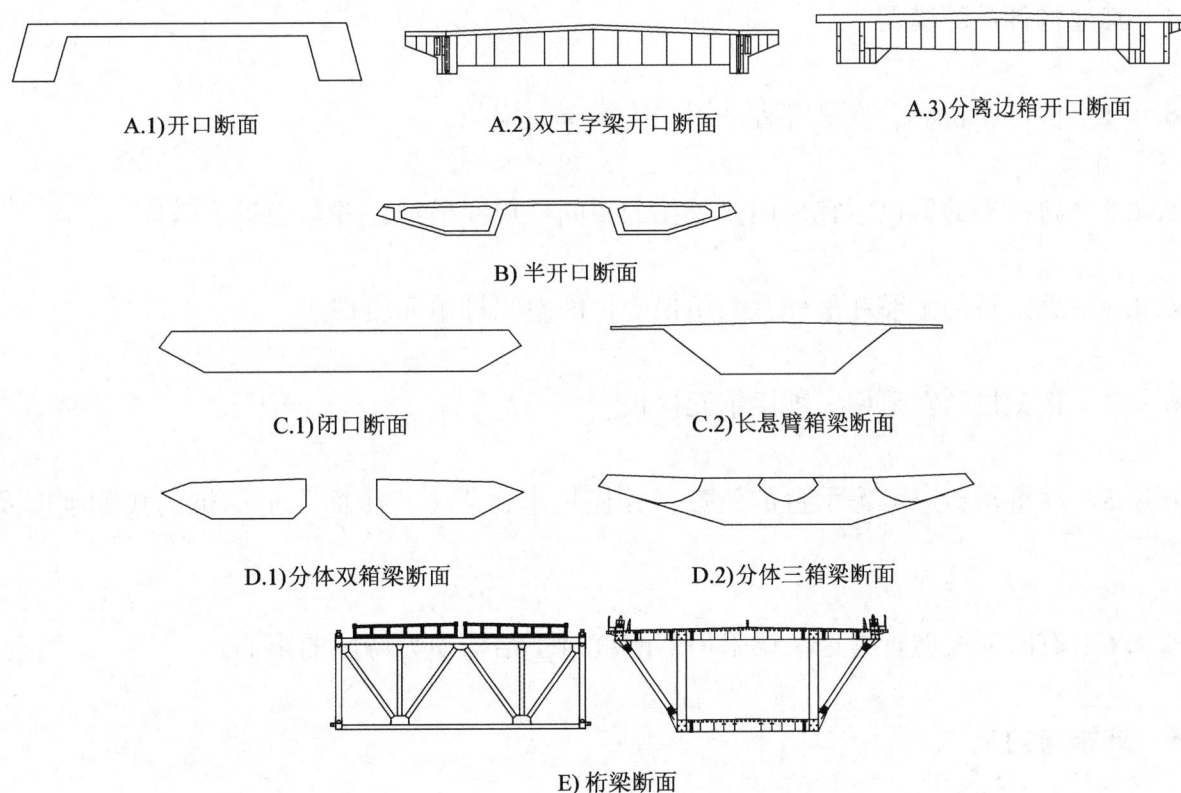

A.1)开口断面　　　　　A.2)双工字梁开口断面　　　　　A.3)分离边箱开口断面

B) 半开口断面

C.1)闭口断面　　　　　　　　　C.2)长悬臂箱梁断面

D.1)分体双箱梁断面　　　　　　　D.2)分体三箱梁断面

E) 桁梁断面

图 6.2.1　5 类桥梁主梁断面示意图

6.2.2 对于不同断面桥梁，参照第 6.3 节选用合适的主梁力学模型进行建模。

6.3 主梁力学模型

6.3.1 选用主梁有限单元力学模型的总体原则是计算模型能够反映结构的实际受力情况，其主要取决于主梁的断面形式和扭转刚度。

6.3.2 闭口（单室或多室）箱梁断面的自由扭转刚度较大，可采用单主梁力学模型。

6.3.3 具有分离边箱梁的半开口主梁断面和自由扭转刚度较小的开口断面，可采用三主梁力学模型考虑约束扭转。当梁单元可以直接按照直线主梁（有纵坡，无平曲线）计算约束扭转时，主梁力学模型应优先考虑采用单主梁模型。

6.3.4 分体箱梁断面可按纵向箱体数采用双主梁、三主梁等多主梁模型。

6.3.5 桁架梁断面宜采用板壳单元结合三维梁（杆）单元的主梁模型。

6.4 其他构件计算模型

6.4.1 桥塔、桥墩、横梁等宜采用三维梁单元模拟。

6.4.2 斜拉桥的斜拉索宜采用仅受拉的空间杆单元模拟，并考虑垂度效应。

6.4.3 悬索桥的主缆和吊杆宜采用仅受拉的空间杆单元模拟。

6.4.4 板型拱肋宜采用三维梁单元模拟。

6.4.5 高桩承台应考虑承台的质量，并模拟承台之下、土面之上的桩的实际刚度及质量。

6.4.6 有限元模型宜考虑主梁阻尼器刚度对于结构动力特性的影响。

6.5 连接与约束

6.5.1 悬索桥结构动力特性分析的连接主要包括：地基与桥塔和桥墩的连接，主梁与桥塔、桥墩和桥台的连接，主缆和吊杆与主梁、桥塔和锚碇的连接。

6.5.2 斜拉桥结构动力特性分析的连接主要包括：地基与桥塔和桥墩的连接，主梁与桥塔、桥墩和桥台的连接，斜拉索与主梁和桥塔的连接。

6.5.3 拱式桥结构动力特性分析的连接主要包括：地基与桥墩和桥台的连接，主梁与主拱、桥墩和桥台的连接，吊杆与主梁和主拱的连接。

6.5.4 梁式桥结构动力特性分析的连接主要包括：地基与桥墩和桥台的连接，主梁与桥墩和桥台的连接。

6.5.5 各种桥型动力特性分析中主要构件连接的约束条件应与实际结构相符合。

6.6 桥梁结构阻尼

在进行风洞试验和风振分析时，桥梁结构阻尼应根据表 6.6.1 取值。

表 6.6.1 桥梁结构阻尼规定限值

桥梁种类	阻尼比 ζ	对数衰减率 δ	ζ 的允许范围	δ 的允许范围
钢桥	0.003	0.019	0.003 ~ 0.005	0.019 ~ 0.031
结合梁桥	0.007	0.044	0.007 ~ 0.010	0.044 ~ 0.063
混凝土桥	0.015	0.094	0.015 ~ 0.020	0.094 ~ 0.126

7 桥梁风洞试验相似准则

7.1 几何相似

7.1.1 试验模型包括测试模型和周边模型，均应与原型几何相似。

7.1.2 桥梁模型几何缩尺比的选择应考虑阻塞比的影响，阻塞比 γ 应按式（7.1.2）计算：

$$\gamma = \frac{A_m}{A_c} \tag{7.1.2}$$

式中：A_c——风洞试验段的横截面面积（m^2）；

$\quad\quad A_m$——试验模型在试验段横截面的最大投影面积（m^2）。

7.1.3 阻塞比小于5%时可不予修正，阻塞比在5%～8%之间宜考虑风速修正。

7.2 运动相似

7.2.1 风洞试验风速与实际风速应满足相似关系，风速比的选择应与试验目的相适应。

7.2.2 风洞试验的均匀紊流风场应满足的相似条件根据表7.2.2确定。

表7.2.2 紊流相似条件

名　称	无量纲参数	物　理　意　义
紊流强度	$\dfrac{\sigma_u}{v_z}$	脉动风速各分量的平均能量
功率谱	$\dfrac{f S_u(f)}{\sigma_u^2}$	紊流能量的频率分布

7.2.3 风洞试验所用边界层风场的平均风速剖面和紊流强度剖面应满足相似要求，且主梁高度处的紊流功率谱应相似。

7.3 动力相似

7.3.1 风洞试验的黏性力参数、重力参数、风压参数、弹性参数、质量参数和阻尼参数应与原型一致。

7.3.2 雷诺数 Re 按式（7.3.2）计算：

$$Re = \frac{\rho v L}{\mu} \qquad (7.3.2)$$

式中：ρ——空气密度（kg/m^3）；

$\quad\quad v$——风速（m/s）；

$\quad\quad L$——特征尺寸（m）；

$\quad\quad \mu$——空气黏性系数（Pa·s）。

7.3.3 弗劳德数 Fr 按式（7.3.3）计算：

$$Fr = \frac{v}{\sqrt{gL}} \qquad (7.3.3)$$

式中：v——风速（m/s）；

$\quad\quad g$——重力加速度（m/s^2）；

$\quad\quad L$——特征尺寸（m）。

7.3.4 欧拉数 Eu 按式（7.3.4）计算：

$$Eu = \frac{\rho v^2}{p} \qquad (7.3.4)$$

式中：ρ——空气密度（kg/m^3）；

$\quad\quad v$——风速（m/s）；

$\quad\quad p$——空气的压强（Pa）。

7.3.5 柯西数 Ca 按式（7.3.5-1）～式（7.3.5-4）计算：

截面轴向刚度 $\qquad Ca = \dfrac{EA}{\rho v^2 L^2} \qquad (7.3.5\text{-}1)$

截面弯曲刚度 $\qquad Ca = \dfrac{EI}{\rho v^2 L^4} \qquad (7.3.5\text{-}2)$

截面自由扭转刚度 $\qquad Ca = \dfrac{GJ_d}{\rho v^2 L^4} \qquad (7.3.5\text{-}3)$

截面约束扭转刚度 $\qquad Ca = \dfrac{GJ_w}{\rho v^2 L^6} \qquad (7.3.5\text{-}4)$

上述式中：E——材料的弹性模量（Pa）；

A——构件横截面面积（m^2）；

I——构件横截面抗弯惯性矩（m^4）；

J_d——构件横截面自由扭转惯性矩（m^4）；

J_w——构件横截面约束扭转惯性矩（m^4）；

ρ——空气密度（kg/m^3）；

v——风速（m/s）；

L——截面特征尺寸（m）。

7.3.6 模型和原型的质量参数应一致，质量参数按式（7.3.6-1）、式（7.3.6-2）计算，模型的质量分布应与原型相似。

质量 $$\frac{m}{\rho L^2} \qquad (7.3.6\text{-}1)$$

质量惯性矩 $$\frac{I_m}{\rho L^4} \qquad (7.3.6\text{-}2)$$

上述式中：m——单位长度的质量（kg/m）；

I_m——单位长度的质量惯性矩（$kg \cdot m^2/m$）；

ρ——空气的密度（kg/m^3）；

L——截面特征尺寸（m）。

7.3.7 模型与原型的阻尼比应一致。

7.3.8 风洞试验模型各参数的缩尺比应根据表7.3.8确定。

表 7.3.8 模型参数的相似比

参 数 名 称	表 达 式	相 似 比	
		悬索桥全桥气弹模型试验、斜拉桥[①]全桥气弹模型试验	梁桥和拱桥全桥气弹模型试验、弹簧悬挂节段模型试验、斜拉索模型试验、桥塔模型试验
长度	$\lambda_L = \dfrac{L_m}{L_p}$	$\dfrac{1}{n}$[②]	$\dfrac{1}{n}$
时间	$\lambda_t = \dfrac{t_m}{t_p}$	$\dfrac{1}{\sqrt{n}}$	$\dfrac{m}{n}$[③]
风速	$\lambda_v = \dfrac{v_m}{v_p}$	$\dfrac{1}{\sqrt{n}}$	$\dfrac{1}{m}$

续表 7.3.8

参 数 名 称	表 达 式	相 似 比	
		悬索桥全桥气弹模型试验、斜拉桥[①]全桥气弹模型试验	梁桥和拱桥全桥气弹模型试验、弹簧悬挂节段模型试验、斜拉索模型试验、桥塔模型试验
频率	$\lambda_f = \dfrac{f_m}{f_p}$	$\sqrt{n}$	$\dfrac{n}{m}$
密度	$\lambda_\rho = \dfrac{\rho_m}{\rho_p}$	1	1
单位长度质量	$\lambda_m = \dfrac{m_m}{m_p}$	$\dfrac{1}{n^2}$	$\dfrac{1}{n^2}$
单位长度质量惯性矩[④]	$\lambda_I = \dfrac{(I_m)_m}{(I_m)_p}$	$\dfrac{1}{n^4}$	$\dfrac{1}{n^4}$
张力	$\lambda_T = \dfrac{T_m}{T_p}$	$\dfrac{1}{n^3}$	$\dfrac{1}{n^3}$
拉伸刚度	$\lambda_{EA} = \dfrac{(EA)_m}{(EA)_p}$	$\dfrac{1}{n^3}$	$\dfrac{1}{m^2 n^2}$
弯曲刚度	$\lambda_{EI} = \dfrac{(EI)_m}{(EI)_p}$	$\dfrac{1}{n^5}$	$\dfrac{1}{m^2 n^4}$
自由扭转刚度	$\lambda_{GJ_d} = \dfrac{(GJ_d)_m}{(GJ_d)_p}$	$\dfrac{1}{n^5}$	$\dfrac{1}{m^2 n^4}$
约束扭转刚度	$\lambda_{EJ_w} = \dfrac{(EJ_w)_m}{(EJ_w)_p}$	$\dfrac{1}{n^7}$	$\dfrac{1}{m^2 n^6}$
结构阻尼（对数衰减率）	$\lambda_\delta = \dfrac{\delta_{sm}}{\delta_{sp}}$	1	1

注：①不考虑斜拉索的振动特性影响时可采用右栏。

②n 等于 $1/\lambda_L$。

③m 是风速比，可任意选取（在符合风洞试验条件的可能范围内）。

④悬索桥、斜拉桥弹簧悬挂节段模型试验时应取等效质量、等效质量惯性矩。

7.4 相似条件放宽

7.4.1 在悬索桥和斜拉桥的全桥模型风洞试验中，应满足弗劳德数 Fr 相似准则。其他场合可予以适当放宽或者忽略。

7.4.2 大多数桥梁风洞试验雷诺数 Re 相似准则无法完全满足，可适当放宽要求，但对缆索、吊杆、栏杆以及墩柱等具有圆形或流线型断面的结构及构件，当模型雷诺数 Re 小于 500 时，应考虑补偿。

7.4.3 当结构的某些部分或构件对结构某种振动形式的贡献可以忽略时，可适当放宽其相应的弹性参数及惯性参数的模拟。

8 节段模型测力试验

8.1 模型设计

8.1.1 模型应满足几何相似关系。

8.1.2 模型必须具有足够大的刚度，且避免试验时出现较大振动。

8.1.3 模型的长度与宽度之比应不小于2.5，并尽量取大值。

8.1.4 模型的主要尺寸的加工误差应不大于2%。

8.2 试验内容

8.2.1 测力试验包括测量模型平均风引起的阻力、升力和升力矩，并通过计算得到静风阻力系数、升力系数和升力矩系数。

8.2.2 对风轴坐标系下的阻力系数 C_D、升力系数 C_L 以及升力矩系数 C_M 定义如下：

$$C_D = \frac{F_D}{\frac{1}{2}\rho v^2 H} \tag{8.2.2-1}$$

$$C_L = \frac{F_L}{\frac{1}{2}\rho v^2 B} \tag{8.2.2-2}$$

$$C_M = \frac{M_Z}{\frac{1}{2}\rho v^2 B^2} \tag{8.2.2-3}$$

对体轴坐标系下的阻力系数 C_H、升力系数 C_V 以及升力矩系数 C_M 定义如下：

$$C_H = \frac{F_H}{\frac{1}{2}\rho v^2 H} \tag{8.2.2-4}$$

$$C_V = \frac{F_V}{\frac{1}{2}\rho v^2 B} \tag{8.2.2-5}$$

$$C_{M} = \frac{M_{Z}}{\frac{1}{2}\rho v^2 B^2} \qquad (8.2.2\text{-}6)$$

上述式中：F_D、F_L、M_Z——风轴坐标系下单位长度的静风阻力、升力和升力矩；

$\quad\quad\quad\quad\ F_H$、$F_V$、$M_Z$——体轴坐标系下单位长度的静风阻力、升力和升力矩；

$\quad\quad\quad\quad\quad\quad\quad\quad\ \rho$——空气质量密度，通常取 $\rho = 1.225 \sim 1.25 \mathrm{kg/m^3}$；

$\quad\quad\quad\quad\quad\quad\quad\quad\ v$——试验风速；

$\quad\quad\quad\quad\quad\quad\ B$、$H$——分别表示节段模型宽度和高度。

α 为风攻角，如图 8.2.2 所示。

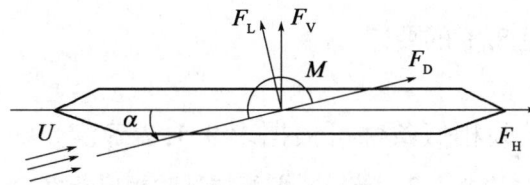

图 8.2.2 静风三分力方向与风攻角示意图

8.3 试验要求

8.3.1 风攻角的范围一般为 $-12° \sim +12°$，角度间隔一般为 $1°$。

8.3.2 测力试验结果应尽量减小雷诺数效应的影响。

9 节段模型测振试验

9.1 模型设计

9.1.1 模型设计应满足 8.1 的要求。

9.1.2 节段模型测振试验相似条件可根据表 9.1.2 确定。

表 9.1.2 节段模型测振试验相似条件

参 数 名 称	表 达 式	相 似 比
长度	$\lambda_L = \dfrac{L_m}{L_p}$	$\dfrac{1}{n}$
时间	$\lambda_t = \dfrac{t_m}{t_p}$	$\dfrac{m}{n}$
风速	$\lambda_v = \dfrac{v_m}{v_p}$	$\dfrac{1}{m}$
频率	$\lambda_f = \dfrac{f_m}{f_p}$	$\dfrac{n}{m}$
密度	$\lambda_\rho = \dfrac{\rho_m}{\rho_p}$	1
单位长度质量	$\lambda_m = \dfrac{m_m}{m_p}$	$\dfrac{1}{n^2}$
单位长度质量惯性矩	$\lambda_{I_m} = \dfrac{(I_m)_m}{(I_m)_p}$	$\dfrac{1}{n^4}$
弯曲刚度	$\lambda_{EI} = \dfrac{(EI)_m}{(EI)_p}$	$\dfrac{1}{m^2 n^4}$
自由扭转刚度	$\lambda_{GJ_d} = \dfrac{(GJ_d)_m}{(GJ_d)_p}$	$\dfrac{1}{m^2 n^4}$
约束扭转刚度	$\lambda_{EJ_w} = \dfrac{(EJ_w)_m}{(EJ_w)_p}$	$\dfrac{1}{m^2 n^6}$
结构阻尼（对数衰减率）	$\lambda_\delta = \dfrac{\delta_{sm}}{\delta_{sp}}$	1

9.1.3 质量和质量惯性矩偏差应不大于 3%，采用的配重应不影响气动外形。

9.1.4 频率偏差应不大于 3%。

9.1.5 模型阻尼参照表 6.6.1 取值。

9.2　试验内容

9.2.1 测振试验主要包括风致振动试验和颤振导数识别试验。

9.2.2 风致振动试验包括颤振试验、驰振试验和涡振试验，一般在均匀风场中进行，必要情况下可考虑紊流的影响。

9.2.3 颤振导数识别可采用自由振动法或强迫振动法，一般在均匀风场中进行。

9.2.4 模型涡振振幅 y_m 须换算为实桥最大涡振振幅 y_p。当主梁涡振振型接近简谐波时，按式（9.2.4-1）换算：

$$y_p = \frac{2\sqrt{3}}{3} n y_m \qquad (9.2.4\text{-}1)$$

当主梁涡振振型函数 φ 已知时，可按式（9.2.4-2）换算：

$$y_p = n y_m \varphi_{max} \sqrt{\frac{\int_0^L \varphi^2(x)\,dx}{\int_0^L \varphi^4(x)\,dx}} \qquad (9.2.4\text{-}2)$$

式中：n——对于竖弯涡振，n 为模拟几何缩尺比；对于扭转涡振，n 等于 1。

9.3　试验要求

9.3.1 测振试验风攻角的范围一般为 $-3° \sim +3°$，角度间隔一般为 3°。

9.3.2 测振试验应选择适当的风速比、风速范围和风速间隔，以满足涡振试验或颤振试验的要求。

10 桥塔自立状态测振试验

10.1 桥塔模型设计

10.1.1 桥塔模型应满足几何相似关系。

10.1.2 桥塔自立状态模型应满足第7.3节的规定。

10.1.3 桥塔模型自立状态测振试验相似条件可根据表10.1.3确定。

表 10.1.3 桥塔模型自立状态测振试验相似条件

参 数 名 称	表 达 式	相 似 比
长度	$\lambda_L = \dfrac{L_m}{L_p}$	$\dfrac{1}{n}$
时间	$\lambda_t = \dfrac{t_m}{t_p}$	$\dfrac{m}{n}$
风速	$\lambda_v = \dfrac{v_m}{v_p}$	$\dfrac{1}{m}$
频率	$\lambda_f = \dfrac{f_m}{f_p}$	$\dfrac{n}{m}$
密度	$\lambda_\rho = \dfrac{\rho_m}{\rho_p}$	1
单位长度质量	$\lambda_m = \dfrac{m_m}{m_p}$	$\dfrac{1}{n^2}$
单位长度质量惯性矩	$\lambda_{I_m} = \dfrac{(I_m)_m}{(I_m)_p}$	$\dfrac{1}{n^4}$
弯曲刚度	$\lambda_{EI} = \dfrac{(EI)_m}{(EI)_p}$	$\dfrac{1}{m^2 n^4}$
自由扭转刚度	$\lambda_{GJ_d} = \dfrac{(GJ_d)_m}{(GJ_d)_p}$	$\dfrac{1}{m^2 n^4}$
约束扭转刚度	$\lambda_{EJ_w} = \dfrac{(EJ_w)_m}{(EJ_w)_p}$	$\dfrac{1}{m^2 n^6}$
结构阻尼（对数衰减率）	$\lambda_\delta = \dfrac{\delta_{sm}}{\delta_{sp}}$	1

10.1.4 桥塔模型的主要几何尺寸加工误差应不大于2%。

10.1.5 桥塔自立状态测振试验允许偏差应不大于表10.1.5的规定值。

表10.1.5　桥塔自立状态模型允许偏差

模　拟　量	质　量	频　率
允许偏差	±3%	±3%

10.2　试验内容

10.2.1 测振试验主要包括驰振试验、涡振试验和抖振试验。

10.2.2 驰振试验与涡振试验一般应在均匀风场中进行，必要情况下可考察紊流对其影响。

10.2.3 抖振试验应在边界层风场中进行，考察桥塔的抖振位移响应和加速度响应。

10.3　试验要求

10.3.1 桥塔模型应检验弯曲和扭转等主要振型、频率和阻尼，并满足表10.1.3和第10.1.5条的要求。

10.3.2 桥塔气弹模型测振试验应考虑风偏角的影响。

10.3.3 桥塔气弹模型测振试验应考虑临时施工设施的不利影响。

11 全桥气弹模型试验

11.1 全桥模型设计

11.1.1 全桥模型应满足几何相似关系。

11.1.2 全桥气弹模型应满足第 7.3 节的规定，各相似参数可按照表 11.1.4 确定。

11.1.3 全桥模型的主要几何尺寸加工误差应不大于 2%。

11.1.4 全桥模型试验相似条件应满足表 11.1.4 的规定。

表 11.1.4 全桥模型试验相似条件

参 数 名 称	表 达 式	相 似 比	
		悬索桥、斜拉桥[①] 全桥模型试验	梁桥和拱桥 全桥模型试验
长度	$\lambda_L = \dfrac{L_m}{L_p}$	$\dfrac{1}{n}$ [②]	$\dfrac{1}{n}$
时间	$\lambda_t = \dfrac{t_m}{t_p}$	$\dfrac{1}{\sqrt{n}}$	$\dfrac{m}{n}$ [③]
风速	$\lambda_v = \dfrac{v_m}{v_p}$	$\dfrac{1}{\sqrt{n}}$	$\dfrac{1}{m}$
频率	$\lambda_f = \dfrac{f_m}{f_p}$	$\sqrt{n}$	$\dfrac{n}{m}$
密度	$\lambda_\rho = \dfrac{\rho_m}{\rho_p}$	1	1
单位长度质量	$\lambda_m = \dfrac{m_m}{m_p}$	$\dfrac{1}{n^2}$	$\dfrac{1}{n^2}$
单位长度质量 惯性矩[②]	$\lambda_{I_m} = \dfrac{(I_m)_m}{(I_m)_p}$	$\dfrac{1}{n^4}$	$\dfrac{1}{n^4}$
张力	$\lambda_T = \dfrac{T_m}{T_p}$	$\dfrac{1}{n^3}$	$\dfrac{1}{n^3}$

续表11.1.4

参 数 名 称	表 达 式	相 似 比	
		悬索桥、斜拉桥① 全桥模型试验	梁桥和拱桥 全桥模型试验
拉伸刚度	$\lambda_{EA} = \dfrac{(EA)_m}{(EA)_p}$	$\dfrac{1}{n^3}$	$\dfrac{1}{m^2 n^2}$
弯曲刚度	$\lambda_{EI} = \dfrac{(EI)_m}{(EI)_p}$	$\dfrac{1}{n^5}$	$\dfrac{1}{m^2 n^4}$
自由扭转刚度	$\lambda_{GJ_d} = \dfrac{(GJ_d)_m}{(GJ_d)_p}$	$\dfrac{1}{n^5}$	$\dfrac{1}{m^2 n^4}$
约束扭转刚度	$\lambda_{EJ_w} = \dfrac{(EJ_w)_m}{(EJ_w)_p}$	$\dfrac{1}{n^7}$	$\dfrac{1}{m^2 n^6}$
结构阻尼 （对数减率）	$\lambda_{\delta} = \dfrac{\delta_{sm}}{\delta_{sp}}$	1	1

注：①不考虑斜拉索的振动特性影响时可采用右栏。

② n 等于 $1/\lambda_L$。

③ m 是风速比，可任意选取（在符合风洞试验条件的可能范围内）。

11.1.5 全桥模型各节段的质量、质量惯性矩、主要振型频率等参数的误差应满足表11.1.6的规定。

11.1.6 全桥气弹模型试验允许偏差应不大于表11.1.6的规定值。

表11.1.6 全桥气弹模型试验允许偏差

模拟量	质量和质量惯性矩	主要振型频率
允许偏差	±5%	±5%

11.1.7 模型主要振型阻尼比应控制在表6.6.1所规定的允许范围内。

11.2 试验内容

11.2.1 气弹模型试验主要包括静风稳定试验、颤振试验、涡振试验和抖振试验。

11.2.2 静风稳定试验应在均匀风场和边界层风场中进行，试验风速应大于静风稳定检验风速或达到失稳风速，检验风速应按阵风风速取值。

11.2.3 全桥气弹模型试验测点应选择在风致响应较大处，例如：主跨跨中、四分点、八分点、边跨跨中、塔顶等。

11.3　试验要求

11.3.1　全桥气弹模型应检验主梁弯曲和扭转等主要振型、频率和阻尼，并满足表 11.1.6 和表 6.6.1 的要求。

11.3.2　全桥气弹模型试验宜考虑周围地形、建筑物及构筑物的影响。

11.3.3　全桥气弹模型试验应考虑不利施工状态及施工临时设施的影响。

12 斜拉索模型试验

12.1 斜拉索模型设计

12.1.1 斜拉索模型宜采用实际外形的节段模型。

12.1.2 斜拉索节段模型应具有足够大的刚度。

12.1.3 斜拉索节段模型应采取适当措施消除端部效应。

12.1.4 斜拉索节段测振模型与原型 Sc 数的比值应大于 0.25。

12.2 试验内容

12.2.1 斜拉索模型试验包括节段模型测力试验和风雨振试验。

12.2.2 节段模型测力试验应在均匀风场中进行，试验风速应满足最大风荷载计算的要求。

12.2.3 节段模型风雨振试验应在人工模拟风雨环境中进行。风雨环境应满足最不利条件的要求。

12.3 试验要求

12.3.1 测力模型的长度应大于 6 倍斜拉索直径。测力模型试验的风向应与竖直面垂直，必要时可考虑其他风偏角。

12.3.2 测振模型的长度应满足光面索形成稳定水线的要求。测振模型试验的风偏角一般为 15°~50°。

12.3.3 风雨振模型试验的人工降雨参数应考虑降雨强度、有效降雨面积、雨滴谱和均匀度等。

《桥梁风洞试验指南》

条 文 说 明

1 总则

1.0.1 由于大气边界层的风场紊流特性以及桥梁结构气动外形的复杂性，目前还无法建立可以精确描述风和结构相互作用的解析方法，因此风工程研究和评价最有效的方法仍然是边界层风洞试验方法。加拿大、美国、日本等风工程研究强国基于现有的理论研究和风洞试验实践，先后编制出关于建筑和结构的风洞试验指南或规程，我国的建筑结构风洞试验主要参照这几个国家的指南和规程。尽管国内进行了大量的桥梁结构风洞试验，其数量占到全世界的60%以上，并且还在继续增长，但是，目前还没有专门的桥梁风洞试验指南或规程。为了确保试验方法的统一性和试验结果的可靠性，在总结国内外桥梁抗风理论和试验研究成果并组织相关多项专题研究的基础上，特编制本指南。

1.0.2 本指南针对的主要桥梁类型是悬索桥和斜拉桥，大跨度拱桥和梁桥等桥型的风洞试验也同样适用。本指南的方法已经应用于主跨1650m的悬索桥、1088m的斜拉桥、550m的拱桥和270m的梁桥。

1.0.3 本指南针对的风洞设备是模拟热带气旋和季候风等效应的常规边界层风洞。龙卷风、雷暴风和飑线风相对于桥梁结构通常遭遇的热带气旋和季候风而言，属于较为罕见的小尺度特异气流。实验室中对特异气流的模拟一般需要特殊的风洞设备，其试验方法也正在探索和发展中。

1.0.4 《公路桥涵设计通用规范》（JTG D60—2015）[1]规定了公路桥梁风荷载的取值标准。《公路桥梁抗风设计规范》（JTG/T D60-01—2004）[2]规定了公路桥梁抗风设计的一般内容、要求和标准，其中附录B提出了风洞试验要求。

2 术语和符号

本章列出与桥梁风洞试验相关的重要术语和符号及其概括性的含义和说明。

3   基本规定

本章对桥梁结构风洞试验的试验方法、试验要求、数据处理和试验报告等作出了基本规定。

3.1   试验方法

3.1.1   一个具体的桥梁结构风洞试验在实施过程中不一定会包含所有这些部分的内容。例如，节段模型测力试验的过程中通常不需进行结构动力特性分析。又如，以主梁颤振和涡振性能检验为目的的试验通常仅需要在均匀流场中进行，因此可省去试验风场模拟的环节。

3.1.2   根据试验目的的不同，桥梁结构风洞试验类型还包括以表面压力测试为主要内容的模型测压试验、以桥面行车风环境测试为主要内容的模型测速试验、为确定复杂地形条件下桥址风环境参数而进行的地形模型测速试验等。

3.2   试验要求

3.2.2   桥梁结构风洞试验的风场包括均匀流场、均匀紊流场和边界层紊流场，需要根据试验目的和内容的不同选择适合的试验风场。例如，颤振、驰振和涡振试验一般在均匀流场中进行，节段模型抖振试验通常在均匀紊流场中进行，桥塔和全桥气弹模型抖振试验应在边界层紊流场中进行。

3.3   数据处理

3.3.1   参考风速位置的选取，应以能准确反映模型控制点且不受模型影响的风速为准。例如，节段模型的模型控制点一般指模型跨中；对于全桥模型而言，控制点一般指主梁跨中、拱肋跨中或桥塔塔顶。

4 风洞试验设备

4.1 风洞

4.1.1 由于气体流动现象以及结构物几何外形的复杂性，空气动力学研究中的许多问题都不可能单纯依靠理论或解析方法得到解决，而必须通过大量试验找出规律，或提供必要的参数、数据，并同理论分析结合起来开展研究，才能解决实际问题。迄今为止的大部分空气动力学试验都是在风洞中完成的，因此风洞是从事空气动力学研究的基本试验设备。

风洞试验具有以下优点：

（1）风洞中的气流参数，如风速、压力、密度、温度等，都可以比较准确地控制并随时改变，因而风洞试验可以方便可靠地满足各种试验要求。

（2）风洞试验在室内进行，一般不受大气环境（如季节、昼夜、风雨、气温等）变化的影响，可以连续进行试验，因而风洞的利用率可以很高。

（3）风洞试验时模型位置相对比较固定，使得数据采集和测量较为方便，更利于提高测量的准确性。

（4）相比现场实测，风洞试验的成本较为低廉。

然而，风洞试验也存在一些不足之处，主要是很难保证试验流场和真实流场之间的完全相似：

（1）风洞试验难以同时满足相似律所提出的所有相似准则，如雷诺数 Re 等。

（2）风洞试验中气流是有边界的，不可避免地存在洞壁干扰；此外，模型支架和测量系统也会影响试验流场。这些因素都会影响流场的相似性。

但是，根据实践经验，以上的不足之处都不会显著影响风洞试验的可靠性。首先，在风洞试验中，如果能基本满足主要的相似准则，那么所测定的数据并不会因为没有满足其他相似准则而引起很大的误差，而所存在的误差也可以设法修正。其次，洞壁干扰、支架干扰以及其他因素的干扰在一定程度上也是可以通过修正而消除的。因此，风洞试验的可靠性是可以信赖的。

4.1.2 风洞分类最基本的指标是气流速度范围，按照风洞试验段流速，可分为低速风洞、亚音速风洞、跨音速风洞、超音速风洞、高超音速风洞和高焓高超音速风洞6种类型[3]，其中适用于桥梁风洞试验的一般为低速风洞。风洞分类见表4-1。

表 4-1　风 洞 分 类

风 洞 类 型	试验段风速范围（m/s）	风 洞 类 型	试验段风速范围（m/s）
低速风洞	0～135	超音速风洞	475～1700
亚音速风洞	135～270	高超音速风洞	1700～3400
跨音速风洞	270～475	高焓高超音速风洞	＞3400

低速风洞中的气流基本可以看成是不可压缩的，且由于流速较低，维持气流运转并不需要很大的功率。

低速风洞按照风洞洞体的形式可分为直流式和回流式、立式和卧式、吸式和吹式等。

直流式风洞也叫开路式风洞，气流经过试验段后排出风洞，没有专门的管道导回。一般大型直流式风洞两端都直通大气。有的直流式风洞建于室内，则洞体之外的室内空间就成为气流的回路。这种情况下，为了减小房屋所引起的气流混乱，房屋空间应达到试验段直径三次方的 400～500 倍。

回流式风洞的气流经过试验段后由专门的管道导回而循环使用。与直流式风洞相比，回流式风洞可以通过导回气流而回收气流动能，且流场品质更容易得到保证；但回流式风洞结构尺寸较大，造价较高，而且试验段气流更容易受到下游动力机械噪声的影响。

典型低速风洞的各主要组成部件包括[3]：

（1）稳定段，使气流保持均匀稳定的等直径管道。稳定段内还安装了蜂窝器和阻尼网等整流设备。蜂窝器主要对气流起导直作用；阻尼网的作用是降低气流的紊流强度和不均匀度，网的层数越多、网目越细，其效果越明显，但相应的压力损失也越大。

（2）收缩段，使气流均匀加速的收缩管道。一般收缩比越大，空风洞气流紊流强度越低。

（3）试验段，风洞中进行模型试验的部件，是整个风洞的中心。

（4）扩散段，将气流的动能转变为压力能，以减小风洞的压力损失。

（5）动力段，设置电动机、风扇的区段，电动机一般安装在整流罩内，整流罩的作用是使得风扇前后保持流线型，改善气流性能，尤其是防止分离。

此外，还有一些其他组成部件：

（1）调压缝，一般设置在试验段尾部，使得试验段压力同环境压力相等，从而消除试验段的密封要求。

（2）拐角导流片，回流式风洞中设置在 4 个拐角处，保证气流经过拐角时改变流动方向而不出现分离。

4.1.3 试验段是整个风洞的中心，其气流品质是风洞各部件工作的集中体现。试验段截面形状从模型安装、测试方便考虑，一般采用矩形或切角矩形。

风洞和模型之间存在一定的尺寸关系。

（1）流场均匀区：一个比较好的风洞，试验段流场的均匀区大约占风洞宽度的90%，显然模型不能超出这个范围。

（2）模型阻塞面积：为了不使模型阻塞变得很严重，一般限制模型的迎风面积最大不超过试验段面积的5%，超过时宜进行修正。

（3）洞壁附面层影响：风洞洞壁均存在附面层，风洞试验中应考虑附面层对试验模型的影响。

为了使得模型处于试验段的均匀流场之中，模型前端至试验段入口应保持一定的距离，一般为试验段截面特征长度的 0.25 ~ 0.50 倍以上；模型尾部至扩散段进口也应保持一定距离，以避免扩散段流动影响模型尾部，一般为试验段截面特征长度的 0.75 ~ 1.25 倍以上。而采用被动方式尖劈模拟大气边界层流场进行模型试验时，为了保证模拟流场形成的充分性，试验段长度一般应超过试验段截面高度的 6 倍以上。

试验段沿气流流动方向的壁面附面层厚度逐渐增加，这就使得有效截面逐渐减小，流速不断增加，并沿轴向产生一个负的静压梯度。为了消除和减小轴向静压梯度，设计试验段时可根据附面层理论计算出沿壁面的附面层发展，由附面层厚度的增加率确定试验段壁面的扩散角。因为不同风速下位移厚度的增加率不是常数，而可调壁面扩散角的采用比较复杂，因而一般以风洞最常用的风速为准，确定出所需要的固定扩散角方案。大多数风洞都是将试验段洞壁每边扩散 0.5°。此外，还可以采用切角的矩形试验段截面，沿轴向逐渐减小切角面积，同样可以消除轴向静压梯度。

4.1.4 流场品质的优劣直接影响到试验结果精度和准度的高低。由于风洞的用途不同、试验研究的对象不同或者研究内容不同，因此对流场的要求也就不同。在设计风洞时，各风洞均有特定的流场品质要求，只有经空风洞流场校测，确认满足要求后才能正式投入使用。

4.2 流场品质

4.2.1 空风洞流场品质，主要是指空风洞试验段内的气流参数在时间和空间上的均匀稳定程度。就低速风洞而言，这些气流参数包括气流速度、气流动压、气流静压、气流温度和气流紊流强度等。对土木工程结构抗风研究而言，空风洞流场品质主要标准为截面风速均匀性、截面气流偏角、轴向静压梯度、气流湍流强度和截面动压稳定系数等方面的测量，其性能指标应根据风洞的规模、用途和经济性等而定。

4.2.2 气流稳定性是指气流的动压或速度随时间而脉动的情况，反映了试验段气流在来流方向的低频脉动特性，一般用动压稳定系数来衡量。该系数越低代表风洞气流稳定性越好。

在风洞试验段中选取 1 ~ 2 个代表性截面，采用皮托管进行动压稳定系数测试，每个截面测试点为截面中心点。

动压稳定系数的测量应在 1min 内进行 120 次以上的测量，从这组数据中求出最大值 q_{max} 和最小值 q_{min}，然后根据式（4-1）计算动压稳定系数 η：

$$\eta = \frac{q_{max} - q_{min}}{q_{max} + q_{min}} \tag{4-1}$$

一般要求动压稳定系数 $\eta \leqslant 1.0\%$。

也有按照动压脉动量来衡量气流稳定性的情况。动压脉动量表示在规定的时间间隔内（如几十秒或更长时间），瞬间动压 q 和平均动压之差的最大值（绝对值）与平均动压之比，即

$$\eta' = \frac{|q - \bar{q}|_{max}}{\bar{q}} \tag{4-2}$$

时间间隔应取得足够长，以至于间隔再稍有变化也不会引起平均动压的改变。一般要求动压脉动量 $\eta' \leqslant 0.5\%$，尤其在风洞的常用风速范围，即在最大风速的 $50\% \sim 80\%$ 范围内应满足上述要求。

4.2.3 气流紊流强度反映了空风洞均匀流场的气流脉动程度，一般用气流纵向紊流强度来衡量。

在风洞试验段中选取 $1 \sim 2$ 个代表性截面，采用脉动风速测量仪进行气流紊流强度测试，每个截面测试点需包括截面中心点。

为保证风洞试验数据不受空风洞紊流强度影响，品质较好的航空风洞一般要求紊流强度低于 $0.2\% \sim 0.4\%$，低紊流强度风洞更是严格到 $0.01\% \sim 0.02\%$，因为几千米高的大气中，无风时的紊流强度为 0.03%。普通航空风洞和土木工程风洞一般要求紊流强度低于 $1.0\% \sim 2.0\%$。

4.2.4 速度均匀性是指气流速度在空间的分布情况，一般用试验段截面风速平均偏差系数来衡量。该系数越低代表风洞气流速度在截面上的均匀性越好。

在风洞试验段中选取 $1 \sim 3$ 个代表性截面，采用皮托管进行速度均匀性测试，每个截面测试区域的选取为试验段高度和宽度的 75%，测点间距不大于 $\sqrt{A}/15$，A 为试验段横截面面积。

令截面风速测量点 i 的测量值为 v_i，其速度偏差为：

$$\Delta v_i = \frac{v_i - v_{pj}}{v_{pj}} = \frac{v_i}{v_{pj}} - 1 \tag{4-3}$$

其中，v_{pj} 为该截面上 N 个测量点速度的平均值；N 为测量点数。

$$v_{pj} = \frac{1}{N}\sum_{i=1}^{N} v_i \tag{4-4}$$

截面风速平均偏差系数定义为：

$$\xi = \frac{1}{N}\sum_{i=1}^{N} \Delta v_i \tag{4-5}$$

一般要求试验段截面风速平均偏差系数≤1.0%。航空风洞要求达到0.25%，并要求速度均匀区占到试验段横截面的90%上下。

4.2.5 风向均匀性是指气流风向与风洞轴线的偏离程度，一般用气流竖直和水平风向角来衡量。该系数越低代表风洞气流方向越均匀且与轴线的一致性越好。

在风洞试验段中选取1~3个代表性截面，采用风速风向测量仪进行风向均匀性测试，每个截面测试区域的选取为试验段高度和宽度的75%，测点间距不大于$\sqrt{A}/15$，A为试验段横截面面积。

一般要求试验段截面气流竖直方向角$|\Delta\alpha|\leq1.0°$，水平风向角$|\Delta\beta|\leq1.5°$。

有的文献将水平风向角的要求放宽到1.0°，也有的要求竖直方向角的平均值达到0.1°，超过此值时需要对试验结果进行修正。

4.2.6 轴向静压梯度反映了洞壁附面层顺气流方向发展造成的有效流动截面缩小程度。为避免轴向静压梯度带来的附加轴向压力及其对试验结果的影响，要求此系数越低越好。

应用单支皮托管的静压孔测量试验段沿风洞轴线不同位置处的静压，得到对应测点的静压系数C_p沿风洞轴线的分布曲线，应用最小二乘法求得风洞试验段的轴向静压梯度。

航空风洞一般要求轴向静压梯度$\mathrm{d}\bar{C_p}/\mathrm{d}x\leq0.002/\mathrm{m}$。

此外，航空风洞还有对气流温度变化的限制，因为气流温度变化会改变空气密度和黏性系数，从而导致试验雷诺数的变化（降低），进而影响试验结果。但试验风速低于80m/s时，一般可以不用考虑这一影响，也不必装备专门的冷却系统。

4.3 测试设备

4.3.1 根据桥梁风洞试验的目的和内容，需要不同类型的测试设备。其中气流测试设备用于测量风洞气流的速度大小、方向及其分布，主要包括皮托管、热线风速仪、蛇形探针等。结构响应测试设备用于测量结构的位移、加速度、表面压力等风致响应，主要包括激光位移计、加速度传感器、压力扫描阀等。测力设备用于测量风对结构的作用力，主要指各种测力天平。

5 风场模拟

5.1 均匀风场模拟

5.1.1 为保证桥梁抗风安全，需要在均匀风场条件下检验桥梁的颤振、驰振和涡振性能，因此对桥梁试验用的均匀流场提出要求。均匀流场的紊流强度大小随不同的试验需要而变化，但平均风速和紊流在模型范围内应保持均匀，允许的变化范围可参考第5.3节。

5.2 边界层风场模拟

大气边界层自然风特性受多种因素影响，复杂多变。为保证风洞试验的准确性，应尽可能模拟桥位处平均风剖面、紊流强度和紊流积分尺度等风特性。在缺少桥位风场实测资料时，可按本指南模拟边界层风场。

5.2.1 平均风速剖面参数（表5.2.1）与《公路桥梁抗风设计规范》（JTG/T D60-01—2004）[2]规定一致。

5.2.2 顺风向紊流强度（表5.2.2）与《公路桥梁抗风设计指南》[4]规定一致。

5.2.3 顺风向和横风向紊流积分尺度（表5.2.3）与《公路桥梁抗风设计指南》[4]规定一致。

5.3 风场校验

5.3.1 模型风速控制点一般是指全桥气弹模型的主梁跨中或拱肋跨中或桥塔塔顶等。平均风速的试验模拟标准为平均风速剖面，由地表粗糙度系数 α_0 确定，容许偏差为 ±0.01，对应于竖向不同高度处平均风速的相对误差都在4%以内。紊流强度的可变化范围为 $\pm30\%$，对应于竖向不同高度处紊流强度的绝对偏差值最小为0.03。平均风速和紊流强度的竖向测试范围应覆盖桥梁模型的高度范围，选取至少10个测点，测点间距不大于0.1m或风洞试验段高度的5%。

5.3.2 模型风速控制点的风致响应测试结果是桥梁结构风洞试验中最为关注的内容,因此,主梁或桥塔控制点相关区域的流场品质要求最高,无论平均风速还是紊流强度的允许绝对偏差均较其他区域更为严格。平均风速和紊流强度的测试范围应覆盖主梁或桥塔模型的长度或高度范围,选取至少5个测点。

6 动力特性

6.1 一般规定

本指南的结构动力特性主要用于模型风洞试验,《公路桥梁抗风设计规范》(JTG/T D60-01—2004)[2]中给出的斜拉桥和悬索桥基频的估算公式的精度不满足风洞试验要求,因此推荐采用有限元法计算。

6.3 主梁力学模型

6.3.3 结构动力特性计算时,梁单元无法考虑约束扭转刚度,可以用三主梁模型作为等效结构来考虑约束扭转刚度,但该模型建模复杂,且模型仅能用来计算动力特性[4,5]。

6.3.5 用板壳和梁单元模拟桁架主梁时,应注意板梁的相对位置与实际保持一致,桥面板上的加劲肋一般等效为板,与桥面板一起计算。

6.4 其他构件计算模型

6.4.2 采用单个杆单元模拟斜拉索时,应考虑斜拉索垂度效应的影响进行,一般需要对其进行刚度修正。

6.4.3 动力特性计算的关键之一就是确定线性结构的刚度,或者非线性结构在当前受力状态下的切线刚度,缆索承重桥梁的缆索的刚度与受力情况密切相关,因此计算动力特性时斜拉索、吊杆或主缆的受力应和实际结构一致[5]。

6.4.6 一般情况下,阻尼器具有一定的刚度,应考虑其对结构动力特性的影响。

6.6 桥梁结构阻尼

本条桥梁结构阻尼是指与桥梁结构振型相关的模态(等效)阻尼,影响阻尼的主要因素有结构材料、结构形式、结构部件的连接方式、非结构部件数量等。阻尼值一般根据实测结果确定，实测值受测量方法、振动幅度、环境风速等多种因素的影响，现有阻尼实测值有较大的离散性。桥梁结构阻尼比取值偏大会导致风洞试验得到的颤振或驰振临界风速偏高，涡振和抖振振幅偏小，结论偏于危险。国内外有关规范中桥梁结构阻尼的取值有较大差异，本条规定参照了国内外相关规范和大跨度桥梁结构阻尼的实测结果（详见附录 A）。

7 桥梁风洞试验相似准则

7.1 几何相似

7.1.1 当周边地形对桥梁风效应的影响可忽略时，风洞试验过程中可不模拟周边环境，但应该根据周边环境选择合适的地表分类。

7.2 运动相似

7.2.1 颤振试验风速比选取应保证风洞最高风速能涵盖桥梁颤振检验风速，涡振试验风速比选取应确保能够发现风速锁定区。

7.2.3 由于一般采用相对较大的几何缩尺比，节段模型风洞试验模拟来流积分尺度无法完全满足几何相似条件，但应满足紊流强度相似要求，特别是顺风向和竖向的紊流强度；紊流功率谱相似要求可适当放宽。流场模拟指标要求参见第 5 章。

7.3 动力相似

7.3.1 基于风洞试验基本参数，运用 π 定理法、力比例法、控制方程规格化法或 Lie 对称尺度变换群法 4 种相似分析方法，可以得到桥梁模型风洞试验的主要相似准则有雷诺数 Re、弗劳德数 Fr、欧拉数 Eu 和柯西数 Ca、惯性数和阻尼比参数[6]。

7.3.2 常规风洞条件下缩尺模型风洞试验要满足雷诺数 Re 一致的条件非常困难。一般认为，对于有棱角的钝体，忽略雷诺数相似不至于给试验带来明显的误差。因此，对于具有明显气流分离点的钝体模型风洞试验，雷诺数相似要求可以放宽。对于紊流来流，提高风洞试验段上游粗糙度可以降低来流特性受雷诺数 Re 的影响程度。

7.3.3 刚度受重力明显影响结构的气弹模型风洞试验需要确保弗劳德数相似，如悬索桥、斜拉桥、主缆和斜拉索。刚度不受重力影响的结构的风洞试验则可放弃满足弗劳德数相似准则，如梁桥、桥塔和桥墩。斜拉桥气弹模型试验时，如果斜拉索预张力大到重力对斜拉索刚度的影响可以忽略，且可确保试验中斜拉索不会出现松弛现象，则弗劳德数 Fr 可以不相似。

7.3.4 压强系数一致是试验模拟的目标，通过其他相似参数的一致性得到实现。

7.3.5 桥梁模型构件模拟理论上要同时满足式（7.3.5）给出的 4 个要求，如果缩尺构件中这些刚度模拟要求存在相互矛盾，一般根据构件的功能确定模拟对象。主梁、桥塔和桥墩主要模拟弯曲、扭转刚度，斜拉索、主缆主要模拟轴向刚度，拱肋一般也仅模拟轴向刚度，对于某些异形拱肋可能需要同时模拟轴向刚度和弯曲刚度。

7.3.6 模型质心相对位置应保持与原型一致。

7.3.7 当桥梁实际阻尼比无法获知时，应根据表6.6.1确定。当实桥阻尼比能够获得时，应以实桥阻尼比作为试验模拟标准。

7.4 相似条件放宽

7.4.1 对于刚度不受重力影响的结构则可放弃满足弗劳德数相似准则，主要包括梁桥、桥塔和桥墩。

7.4.2 不同区间雷诺数 Re 内，圆形构件的平均阻力系数随雷诺数 Re 变化的规律相差很大，当考虑雷诺数效应时尽量使模型和原型的雷诺数 Re 在相同区间。

8　节段模型测力试验

8.1　模型设计

8.1.1　由于结构的气动响应对结构的外形高度敏感，因此风洞试验模型设计时，主要尺寸必须严格满足几何相似。但是，有些构件（如桥梁的栏杆水平杆件、栏杆柱、桁架形式主梁的弦杆、钢混叠合梁的钢横梁的腹板等）尺寸与主梁宽度相差很大，导致无法严格几何相似，此时应该根据实际情况采取几何等效。

8.1.2　模型刚度不足会导致试验过程中模型振动，或发生过大静力变形，以致影响试验精度，甚至损坏测量设备。为避免模型过大振动，可以在模型两端设置天平，或者采取不影响气动特性和模型受力状态的其他辅助措施，例如，拉细钢丝等。

8.1.3　测力试验是在二维流场中进行的，如果端部效应过大，测量的数据会失真，减小端部效应的措施之一是增加长宽比。研究表明：当桥梁断面模型长宽比大于 2.5 时，一般端部效应影响较小。必要时可采取其他措施，减小端部效应影响，如采用补偿模型、隔离墙或者端板等措施。

8.1.4　为防止因模型的加工尺寸误差传递而引入试验数据的误差，在模型尺寸加工时误差应控制在 2% 以内。模型主要尺寸指的是模型的高度、宽度和长度等反映结构特征的尺寸，以及对气动特性影响较大的局部尺寸（如有风嘴的断面的风嘴夹角）。

8.2　试验内容

8.2.1　测力试验主要针对桥梁主梁断面，根据计算分析的需要，有时还需测量桥塔、桥墩、吊杆或斜拉索等细长构件的三分力系数。在测力试验时需要注意上述构件的三分力方向与桥梁整体坐标系的关系。

8.2.2　风洞试验时的空气密度应该根据当时气流的温度、湿度和气压确定。对于桥塔塔柱或者桥墩墩柱等竖向构件的测力试验，应注意风攻角和风偏角的定义和关系。为了简化计算，三分力系数的特征尺寸可以根据计算需要而确定，但须在试验报告中注明定义三分力系数的特征尺寸。

8.3 试验要求

8.3.1 在风荷载计算中，需要给出三分力系数随攻角变化的关系。一般测力试验中，主梁风攻角变化范围为 $-12° \sim +12°$，间隔 $1°$。特殊需要时，可适当增大风攻角变化范围；桥塔塔柱或者桥墩墩柱等竖直构件，风向的影响以风偏角加以考虑，这些构件的风偏角变化范围为 $-90° \sim +90°$，间隔 $5° \sim 15°$。

8.3.2 试验风速确定可以结合几何缩尺比，尽量避免试验时的雷诺数 Re 落在临界雷诺数区。近流线型主梁断面（如有风嘴的闭口箱梁）的临界雷诺数区在 10^5 附近，钝体主梁断面（如直腹板箱梁等）的临界雷诺数区在 5×10^4 附近。但是，一般认为，三分力系数的雷诺数效应不明显。

9 节段模型测振试验

9.1 模型设计

9.1.1 测振的节段模型与测力节段模型相同，模型应有足够的刚度，防止试验过程中模型自身发生振动，从而影响试验结果准确性。模型不宜太长，否则会导致模型沿着展长方向出现竖向弯曲振动，从而影响测振试验的结果，尤其会影响竖弯振动的试验结果。

9.1.3 节段模型的质量和质量惯性矩是指模型各构件分别参与竖向和扭转振动的等效值，其中，弹簧的等效质量为其总质量的1/3。节段模型设计时，一般质量和质量惯性矩要小于目标值，以富余一部分质量作为配重调节扭转频率。配重一般对称施加在吊臂或者模型适当位置，防止改变模型形心的位置，且不能改变模型的外形。节段模型实测的竖向频率可能比设计值偏小，可通过调整风速比消除影响。节段模型质量惯性矩一般无法直接测得，质量惯性矩的相似性可通过保证竖向质量、吊点间距和扭弯频率的相似性实现[7,8]。

9.1.4 扭弯频率比与节段模型振动的弯扭自由度耦合程度密切相关，对于发生弯扭耦合颤振的流线型断面（如闭口箱梁），需要注意扭弯频率比的偏差对颤振临界风速的影响，并选用偏于安全的试验参数[7,8]。

9.1.5 节段模型涡振的振幅受结构阻尼比影响很大，取用过大模型系统阻尼比会导致试验结果偏危险。

9.2 试验内容

9.2.2 颤振试验主要针对较大宽高比的主梁断面，其试验目的是测量主梁断面在各级风速下的振动响应，获得颤振临界风速，检验主梁断面颤振稳定性。驰振试验主要针对较小宽高比的钝体棱柱断面，其目的是测量断面在各级风速下的横风向振动响应，获得驰振临界风速，检验断面驰振稳定性。涡振试验的目的是检验测试断面发生涡振的可能性，测量涡振发生的风速锁定区间和振幅。一般认为，来流紊流强度越小，试验结果越偏于安全，因此建议采用均匀流试验结果评价颤振和驰振稳定性以及涡振可能性。但有特别需要时，如检验紊流对风致振动的影响，以及了解紊流中试验结果的安全储备的大小时，可以考虑增加一定的紊流强度，譬如 5% 的顺风向紊流强度。

9.2.3 自由振动法是指利用弹性支撑的节段模型，实现模型的竖向和扭转振动，识别颤振导数的方法。强迫振动法是指通过节段模型端部的机械驱动模型振动，通过测量模型的气动力和振动响应识别颤振导数的方法。为了提高信噪比，一般需要在各级风速下对节段模型进行一定幅度的激励，对于钝体断面，需要防止过大的激励幅值对颤振导数识别结果的影响。

9.2.4 由于实际桥梁的桥塔、桥墩、斜拉索等构件的断面外形与主梁差别显著，作用在这些构件上的涡脱频率远离主梁的涡振频率，因此，可认为桥梁涡振时的涡激力主要来自桥梁断面，并且，在涡振达到最大振幅时，可近似认为涡激力沿跨向相关性为1。当涡激力模型采用 Scanlan 的非线性模型时，以竖向振动为例，单模态的涡振广义运动方程可表示为[9]：

$$\ddot{q} + 2\zeta\omega\dot{q} + \omega^2 q = \frac{\rho v^2 D}{2M_q}\int_0^{L_g}\varphi(x)\left[Y_1\left(1 - \varepsilon\frac{\varphi^2(x)}{D^2}q^2\right)\frac{\dot{q}}{U}\varphi(x)\right]\mathrm{d}x \tag{9-1}$$

其中，q 为模态坐标，ζ 为结构阻尼比，ω 为结构固有圆频率。ρ 为空气密度，U 为涡振时的风速，$\varphi(x)$ 为实桥发生涡振的模态振型函数，L_g 为主梁长度。Y_1 和 ε 为 Scanlan 非线性涡激力模型的参数。M_q 为该竖向模态对应的全桥广义质量，其与主梁竖向等效质量 m_{eq} 之间的关系为：

$$M_q = m_{eq}\int_0^{L_g}\varphi(x)^2\mathrm{d}x \tag{9-2}$$

式（9-1）可以简化为：

$$\ddot{q} + \left\{2\zeta\omega - \frac{\rho v D Y_1}{2m_{eq}} + \frac{\rho v Y_1 \varepsilon q^2}{2m_{eq}D}\cdot\frac{\int_0^{L_g}\varphi^4(x)\mathrm{d}x}{\int_0^{L_g}\varphi^2(x)\mathrm{d}x}\right\}\dot{q} + \omega^2 q = 0 \tag{9-3}$$

式（9-3）为范德波尔型的非线性振动方程，假设涡振位移响应近似为单频振动 $q = q_0\sin(\omega t)$，则稳定振幅 q_0 可表示为：

$$q_0 = \sqrt{\left(\frac{\rho v D Y_1}{2m_{eq}} - 2\zeta\omega\right)\cdot\frac{8m_{eq}D}{\rho v Y_1 \varepsilon}\cdot\frac{\int_0^{L_g}\varphi^2(x)\mathrm{d}x}{\int_0^{L_g}\varphi^4(x)\mathrm{d}x}} \tag{9-4}$$

对于节段模型振动系统，竖向涡振运动方程可表示为[9,10]：

$$\ddot{y} + \left[2\zeta\omega\lambda_f - \frac{\rho v D Y_1}{2m_{eq}}\frac{\lambda_V}{\lambda_L} + \frac{\rho v Y_1 \varepsilon y^2}{2m_{eq}D}\frac{\lambda_V}{\lambda_L}\right]\dot{y} + \lambda_f^2\omega^2 y = 0 \tag{9-5}$$

类似地，节段模型振动系统的竖向涡振稳定振幅可表示为：

$$y_m = \sqrt{\left(\frac{\rho v D Y_1}{2m_{eq}}\frac{\lambda_V}{\lambda_L} - 2\zeta\omega\lambda_f\right)\cdot\frac{8m_{eq}D}{\rho v Y_1 \varepsilon}\frac{\lambda_L^3}{\lambda_V}} \tag{9-6}$$

则由式（9-4）和式（9-6）可得，节段模型竖向涡振振幅 y_m 与实桥最大涡振振幅 $y_p = q_0 \varphi_{max}$ 之间的关系为：

$$y_p = \frac{y_m \varphi_{max}}{\lambda_L} \sqrt{\frac{\int_0^{L_g} \varphi^2(x)\,dx}{\int_0^{L_g} \varphi^4(x)\,dx}} = n y_m \varphi_{max} \sqrt{\frac{\int_0^{L_g} \varphi^2(x)\,dx}{\int_0^{L_g} \varphi^4(x)\,dx}} \qquad (9\text{-}7)$$

若实桥的涡振振型 $\varphi(x)$ 接近正弦波时，以 $\varphi(x) = A_0 \sin\left(\dfrac{L_g}{2\pi n}x\right)$ 代入式（9-7）可得[9]：

$$y_p = n y_m \varphi_{max} \sqrt{\frac{\int_0^{L_g} A_0^2 \sin^2\left(\dfrac{L_g}{2\pi n}x\right)dx}{\int_0^{L_g} A_0^4 \sin^4\left(\dfrac{L_g}{2\pi n}x\right)dx}} = \frac{2\sqrt{3}}{3} \qquad (9\text{-}8)$$

9.3 试验要求

9.3.2 颤振临界风速试验时，试验风速范围应该覆盖检验风速，风速间隔的选取应考虑风洞控制风速调节的精度。对于涡振试验，试验风速分辨率应足够大，尽可能精确地捕捉涡振锁定区间，风速比应该取较大值。

10 桥塔自立状态测振试验

桥塔自立状态测振试验示例参见附录 B。

10.1 桥塔模型设计

10.1.1 桥塔自立状态测振试验一般采用气弹模型，需要严格按照几何相似关系模拟气动外形。气动外形的模拟一般通过桥塔外衣来实现，桥塔外衣应能保证试验过程中不发生局部变形和松动。为了避免外衣刚度参与作用，需要对外衣进行适当分段，以确保模拟桥塔模型的主要振型[10]。

10.1.3 桥塔模型的结构动力特性受重力的影响较小，在设计模型时，可以忽略重力参数的影响，并根据风洞试验条件设定风速比。桥塔模型驰振试验的风速范围应该覆盖检验风速；桥塔模型涡振试验可以采用较大的风速比，以便获得更精确的风速锁定区间和涡振振幅[11]。

10.1.4 桥塔模型的主要几何尺寸加工误差包括模型外衣分段的误差控制，桥塔模型外衣节段之间的缝隙越小越好，但又不至于造成外衣节段在振动中发生碰撞，一般情况下缝隙控制在 1mm 左右。

10.1.6 桥塔气弹模型涡振、驰振和抖振受结构阻尼比影响较大，取用过大的模型系统阻尼比会导致试验结果偏危险。桥塔模型涡振和驰振响应随阻尼比的影响规律如图 10-1 所示[12,13]。

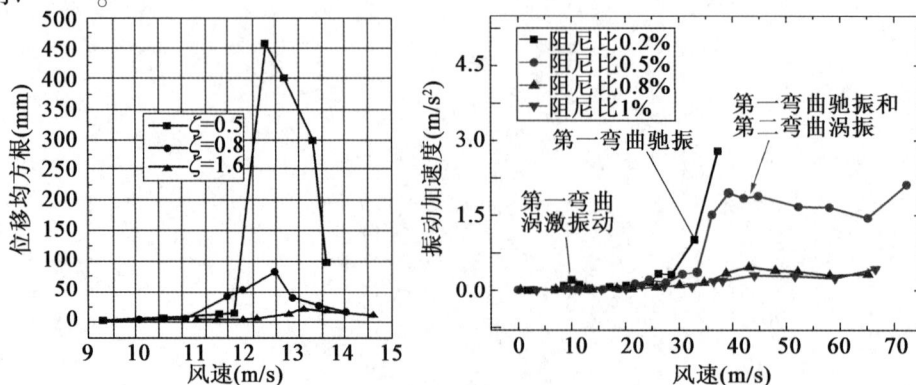

图 10-1 阻尼比对涡振和驰振的影响

10.2 试验内容

10.2.1 钢结构桥塔应当重视涡振和驰振，混凝土桥塔主要考虑抖振引起的等效风荷载。

10.2.2 对于桥塔涡振和驰振，来流紊流强度越小，试验结果越偏于安全，因此建议采用均匀流试验结果评价驰振稳定性和涡振可能性。但有特别需要时，如检验紊流对风致振动的影响，以及了解紊流中试验结果的安全储备的大小时，可以考虑增加一定的紊流强度（图 10-2）[14]。

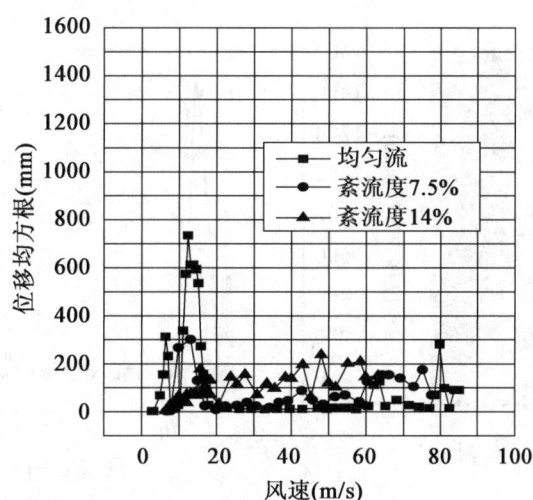

图 10-2 紊流强度对桥塔风致振动的影响

10.3 试验要求

10.3.1 桥塔自立状态的主要振型一般包括顺桥向（面外）和横桥向（面内）弯曲的前两阶振型以及第一阶扭转（双塔柱桥塔）振型。对于大部分桥梁的桥塔而言，桥塔的更高阶振型的涡振锁定风速和驰振临界风速可能已经超过相应的检验风速。

10.3.2 桥塔自立状态的风致响应与风偏角有密切关系，风振振幅最大时的风向有可能不是与桥轴向平行或者正交（图 10-3）[14,15]。风洞试验应在 0°～360° 风偏角范围内进行，间隔 10° 左右，在风偏角 0° 和 90° 附近，宜做小增量偏角（例如 0°～5°）试验。

10.3.3 桥塔施工的脚手架和塔吊会改变桥塔的质量和气动外形，从而影响桥塔的风致振动——驰振、涡振和抖振。常见情况下脚手架和施工塔吊对涡振和驰振有一定的抑制作用，因此其影响可以忽略不计（图 10-4）；但是，脚手架和施工塔吊对抖振可能存在不利影响（图 10-5）[14]。

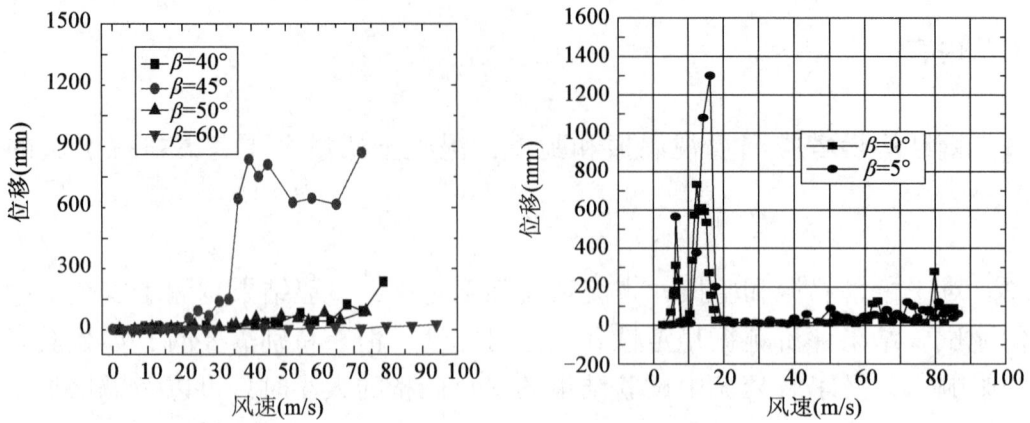

图 10-3　风偏角对自立桥塔风致振动的影响

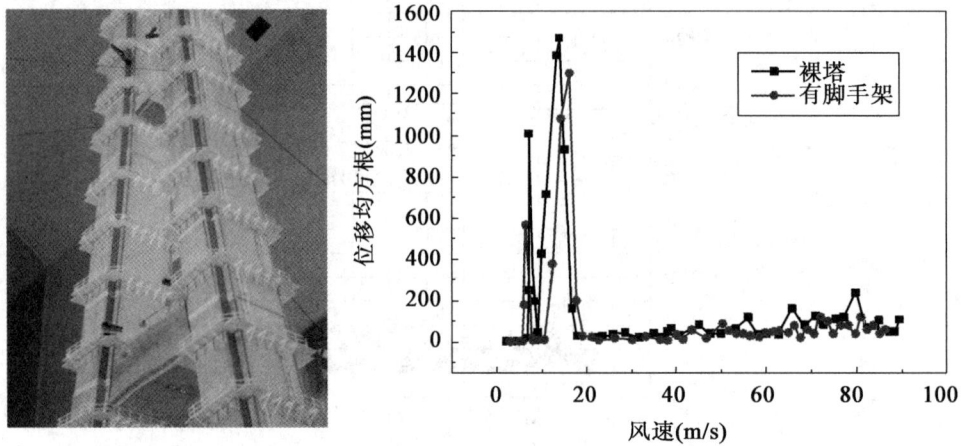

图 10-4　脚手架对自立桥塔风致振动位移的影响

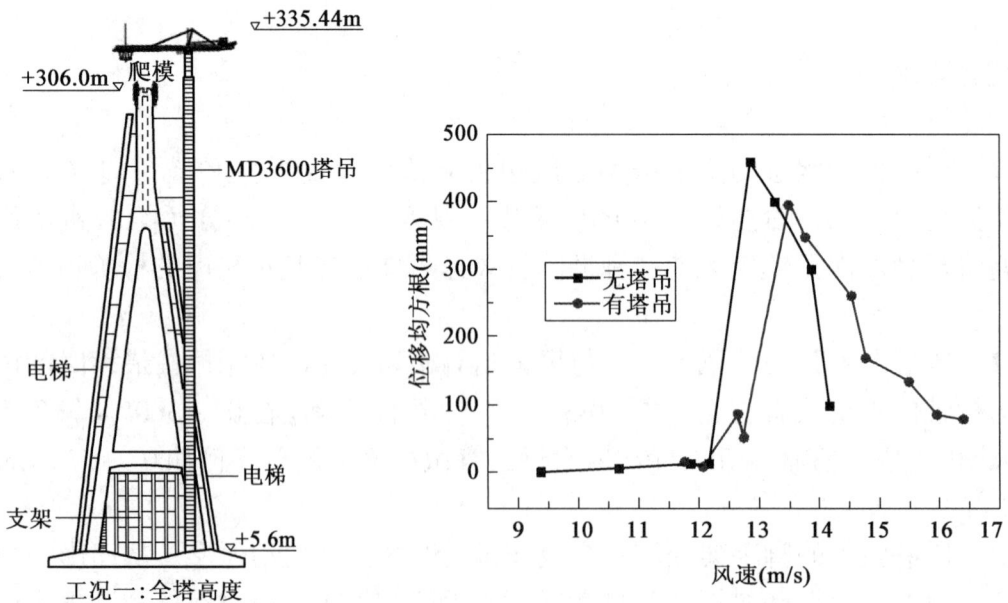

图 10-5　塔吊对自立桥塔风致振动位移的影响

11 全桥气弹模型试验

全桥气弹模型试验示例参见附录 C。

11.1 模型设计

11.1.1 全桥模型的几何相似，是为了保证模型与原型之间具有相同的气动性能。以此为原则，凡可能明显影响桥梁气动性能的构件，要严格控制外形以满足相似关系。通常情况下，加劲梁、主拱肋对颤振、抖振、涡振性能起控制性作用，因而在以这类气动性能为模拟目标的全桥模型试验中，其气动外形须严格模拟。桥塔、主缆这一类构件所受的风荷载对抖振、静风变形有较大的贡献，全桥模型设计中这一类构件宜满足几何相似关系。吊索、斜拉索等构件通常对桥梁整体气弹性能影响不大，其几何相似关系在全桥气弹模型中可视情况放宽。山区以及跨峡谷桥梁，当周围地形可能对桥梁的气动性能存在显著影响时，须按几何相似关系模拟一定范围内的地形。全桥气弹模型试验中主要构件的几何相似性模拟可参见表 11-1。

表 11-1 全桥气弹模态主要结构尺寸模拟

构　件	长　度	宽　度	高　度	位　置
加劲梁整体轮廓	√	√	√	√
分体箱梁的开槽	√	√	√	√
栏杆、防撞栏、检修轨等	√		√	√
中央稳定板	√		√	√
钢桁加劲梁弦杆、腹杆		√	√	√
钢桁加劲梁节点板	√		√	
开口截面桥面系纵梁			√	
开口截面横梁	√	√	√	√
桥面板	√	√	√	
主缆	√			
桥塔塔柱	√	√	√	√
主拱肋	√	√	√	√
主拱弦杆、腹杆		√	√	√

注：表中主缆的高度应理解为直径，不能满足几何相似时应考虑等效静气动力相似。

11.1.2 全桥气弹模型试验中，除主缆、斜拉索、吊杆等柔性构件是控制其拉伸刚度以及质量线密度的相似性之外，其他主要构件如加劲梁、桥塔等可不考虑拉伸刚度的相似性，但要保证整体振动模态参数——频率和振型的相似性，对于框架结构杆件的抗弯刚度可以放宽，抗扭刚度可以忽略。

一旦确定了几何相似比 $L_p : L_m = n$，可通过相似分析得出各类参数在模型与原型之间的相似比。流场严格相似可通过 Navier-Stokes 方程无量纲化后得出，考虑重力场中的黏性不可压流时，所涉及的无量纲相似参数是雷诺数 Re 与弗劳德数 Fr。显然，通常情况下无法满足雷诺数 Re 的相似要求。弗劳德数 Fr 相同要求空气介质的重力与惯性力比值相同，即[6]

$$\frac{mg}{ma} = \frac{g}{U^2/L} = \frac{gL}{U^2} \tag{11-1}$$

桥梁模型试验中，重力加速度不变，因而有：

$$\frac{L_p}{U_p^2} = \frac{L_m}{U_m^2}, \quad \frac{U_p^2}{U_m^2} = \frac{L_p}{L_m} = n \tag{11-2}$$

以及

$$\frac{T_p}{T_m} = \frac{L_p/U_p}{L_m/U_m} = \sqrt{n} \tag{11-3}$$

（1）对于弯曲振动，其微分方程一般形式如下：

$$EI \frac{\partial^4 y}{\partial x^4} + m \frac{\partial^2 y}{\partial t^2} \propto \rho U^2 B \tag{11-4}$$

其中，B 为参考宽度；U 为风速；m 为质量线密度；y 为横向振动位移；x 为轴向坐标；E 为弹性模量；I 为截面抗弯惯性矩。引入三个无量纲变量 $x' = x/B$、$y' = y/B$、$t' = ut/B$，对式（11-4）进行无量纲化后得：

$$\frac{EI}{\rho U^2 B^4} \frac{\partial^4 y'}{\partial x'^4} + \frac{m}{\rho B^2} \frac{\partial^2 y'}{\partial t'^2} \propto 1 \tag{11-5}$$

显然，要使原型与模型等价，则式（11-5）左边的系数须满足：

$$\frac{(EI)_p}{\rho_p U_p^2 B_p^4} = \frac{(EI)_m}{\rho_m U_m^2 B_m^4}, \quad \frac{m_p}{B_p^2} = \frac{m_m}{B_m^2} \tag{11-6}$$

在空气密度保持不变的情况下可得原型与模型截面抗弯刚度、质量线密度的关系如下：

$$\frac{(EI)_p}{(EI)_m} = \frac{U_p^2 B_p^4}{U_m^2 B_m^4} = n^5, \quad \frac{m_p}{m_m} = n^2 \tag{11-7}$$

（2）对于轴向振动，其微分方程一般形式如下：

$$EA \frac{\partial^2 u}{\partial x^2} + m \frac{\partial^2 u}{\partial t^2} \propto \rho U^2 B \tag{11-8}$$

其中，u 为轴向振动位移；A 为截面面积。引入无量纲变量 $x' = x/B$、$u' = u/B$、$t' = ut/B$，对式（11-8）进行无量纲化后得：

$$\frac{EA}{\rho U^2 B^2}\frac{\partial^2 u'}{\partial x'^2} + \frac{m}{\rho B^2}\frac{\partial^2 u'}{\partial t'^2} \propto 1 \tag{11-9}$$

从而得到：

$$\frac{(EA)_\text{p}}{(EA)_\text{m}} = n^3, \quad \frac{m_\text{p}}{m_\text{m}} = n^2 \tag{11-10}$$

（3）对于扭转振动，其微分方程一般形式如下：

$$-EJ_\text{w}\frac{\partial^4\varphi}{\partial x^4} + GJ\frac{\partial^2\varphi}{\partial x^2} + I_\text{m}\frac{\partial^2\varphi}{\partial t^2} \propto \rho U^2 B^2 \tag{11-11}$$

其中，I_m 为单位长度的质量矩；φ 为转角位移；x 为轴向坐标；G 为剪切弹性模量；J 为截面极惯性矩；J_w 为扇性惯性矩。注意到转角位移本身无量纲，引入无量纲变量 $x' = x/B$、$t' = ut/B$ 进行无量纲化后得：

$$-\frac{EJ_\text{w}}{\rho U^2 B^6}\frac{\partial^4\varphi}{\partial x'^4} + \frac{GJ}{\rho U^2 B^4}\frac{\partial^2\varphi}{\partial x'^2} + \frac{I_\text{m}}{\rho B^4}\frac{\partial^2\varphi}{\partial t'^2} \propto 1 \tag{11-12}$$

从而得到：

$$\frac{(EJ_\text{w})_\text{p}}{(EJ_\text{w})_\text{m}} = n^7, \quad \frac{(GJ)_\text{p}}{(GJ)_\text{m}} = n^5, \quad \frac{(I_\text{m})_\text{p}}{(I_\text{m})_\text{m}} = n^4 \tag{11-13}$$

11.1.3 主要几何尺寸是指可能对试验结果产生较大影响的构件尺寸，可参考条文说明第11.1.1条的附件表11-1。试验时也可结合具体的试验目标以及试验者的理解确定主要几何尺寸。主要几何尺寸的加工误差，也可参考第8.1.4条的条文说明。

11.1.4 大跨度桥梁气弹模型的动力特性精度由各主要构件的轴向刚度、弯曲刚度（双向）、扭转刚度、质量、质量惯性矩共同决定。根据单自由度振子的周期公式

$$T = 2\pi\sqrt{\frac{m}{k}} \tag{11-14}$$

质量、刚度的模拟误差控制在 $\pm 5\%$ 时，则结构自振周期的误差可控制在 -4.9% ~ $+5.1\%$ 范围内。因此，表11.1.6实际上要求结构质量、刚度与频率控制误差均在5%以内。

11.1.5 这里的主要振型一般包含加劲梁的前两阶竖弯、扭转与侧弯振型。阻尼比是影响大跨度桥梁风致振动的一个关键因素。特别是涡振以及抖振响应，其幅值对阻尼比敏感。

11.2 试验内容

11.2.1 对于悬索桥和斜拉桥，其气弹模型试验主要包括静风稳定试验、颤振试验、涡振试验和抖振试验。从目前大跨桥梁的规模来看，拱桥通常具有很高的静风稳定性，

因此气弹模型试验时可视情况不考虑静风稳定性的测试。

大跨度桥梁的气弹稳定性主要由颤振临界风速控制。在均匀流场与紊流风两类风场作用下，桥梁的颤振形态可能存在较大的区别。实际桥梁所处的自然风场是紊流场，风洞试验中可以只考虑均匀流场的主要原因如下：均匀流场有利于明确地给出颤振临界风速；从工程安全出发，紊流的影响可只考虑对颤振稳定性不利的方面，这一点已经体现在确定颤振检验风速时引入的风速脉动修正系数，因此，试验时可不再考虑紊流的影响。

桥梁涡振是在低风速下可能出现的一种自激限幅振动，一般情况下，如果全桥气弹模型的风速比太小，则难以再现涡振现象。由于桥址处脉动风的相关、互相关特性往往未知且在风洞试验时无法准确模拟，仅笼统地考虑紊流强度时，所得到的涡振特性的实际意义有待进一步研究，所以试验时引入紊流须慎重。此外，存在紊流时，所测得的振幅包含了涡振幅值与来流引起的随机抖振幅值，因而检验涡振幅值是否满足相关规范规定，宜妥善考虑这一因素。总体而言，紊流通常对涡振有一定的抑制作用，从安全角度出发，在无法模拟与桥址相匹配的紊流风场时，不建议引入紊流场。

抖振即风致随机振动。根据线性系统的随机振动理论，在系统（结构）已知的情况下，随机振动完全受输入的功率谱特性控制。因此，抖振试验结果是否具有实际意义取决于输入的随机风荷载特性是否与实际情况接近。在桥梁的抖振试验中，如果忽略雷诺数 Re 的影响，结构自身形成的特征紊流无须模拟，自动形成，因此，输入特性最终由脉动风的自谱、互谱以及相关谱来控制。抖振试验时，可以放松对互谱的要求，但自谱与相关谱须尽可能与实际情况相匹配。

11. 2. 2 相比斜拉桥、拱桥而言，悬索桥最容易出现静风扭转发散。对于超大跨度悬索桥，扭转刚度主要由两根主缆的重力刚度提供。近年来关于悬索桥静风稳定的理论研究以及气弹模型试验结果表明，悬索桥在风致静动力响应下，任意一根主缆松弛至其空缆所对应的初应力状态后，主缆系统所提供的扭转刚度消失，此时系统只剩下由加劲梁提供的残余刚度，从而很容易被高风速所形成的气动负刚度克服，形成扭转发散（如图 11-1 所示）[16]。大跨度悬索桥扭转刚度退化的关键是加劲梁的竖向以及扭转运动，包括静位移以及抖振响应；当某一主缆的动态长度等于或略低于空缆长度时，即导致刚度退化。因此，在给定风速下，控制静风扭转发散的因素不仅仅是桥梁气动外形，紊流风场特性包括紊流强度与紊流的空间相关性也至关重要。有鉴于此，大跨度悬索桥（包括柔性强的人行悬索桥）进行静风稳定性试验研究时，宜考虑与桥址风特性相匹配的紊流场。

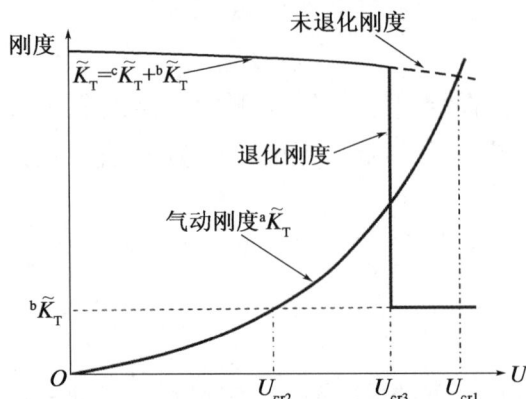

图 11-1　悬索桥刚度退化与扭转发散临界风速示意

研究表明，悬索桥刚度退化以及扭转发

散是由结构的瞬态动力响应决定的，而瞬态动力响应是由平均风速大小与脉动风场特性共同决定的。因此，检验风速宜按阵风风速取值，但需要注意的是，在阵风风速极大值不变的情况下，风场频谱以及相关谱特性的变化也会导致不一样的静风稳定性，因此静风稳定试验时，须采用与桥址相匹配的紊流风场。

11.3 试验要求

11.3.1 参考条文说明第 11.1.4 条。这里的主要振型一般包含加劲梁的前两阶竖弯、扭转与侧弯振型。其中，颤振失稳涉及的主要是竖弯与扭转振型，涡振涉及的主要是竖弯与扭转振型，随机抖振则涉及所有主要振型。

11.3.2 地形对桥梁气动性能的影响一般不能忽略，其影响范围包括风场主要特性，如平均风速与风向的空间分布、紊流风场特性等。由于实际地形具有连续性，因此考虑其影响时，地形模型的范围、截断位置的选取、截断位置的处理是需要仔细考虑的问题。

11.3.3 全桥模型试验应考虑多种不利施工状态。桥塔自立状态参见第 10.2 节的条文及条文说明。对于大跨度拱桥，应考虑主拱合龙前的不利施工状态。对于斜拉桥，不利施工状态应包括最大单（双）悬臂施工状态或整体刚度最低（自振频率最低）的状态。对于悬索桥，应当结合具体的施工方法考虑其主要自振频率的演变过程，从而保证针对施工过程中抗风能力最薄弱环节进行充分的研究。此外，应当考虑猫道的风振及抗风稳定性。

12 斜拉索模型试验

斜拉索模型试验示例参见附录 D。

斜拉索风洞试验的目的主要有两个：一是测试斜拉索的气动力系数，以便进行风荷载计算；二是检验斜拉索是否会发生不容忽视的振动，如果发生，应采取必要的减振措施。随着斜拉桥跨径的增大，斜拉索上承受的风荷载占全桥风荷载的比例也随之增大。以苏通长江公路大桥为例，全桥共 272 根斜拉索，在横桥向风的作用下，斜拉索产生的风荷载对于主梁位移和内力的贡献占整个风荷载的 60%～70%。因此，准确测得斜拉索的气动力系数对于结构设计具有重要意义。由于斜拉索长细比大、阻尼低，容易在特定的风速、端部激励和风雨作用下发生振动。过大和频繁的振动会造成斜拉索的防护层、锚固结构和钢丝的破坏，引发安全隐患。常见的振动类型有涡振、参数共振、驰振和风雨激振等。

为了抑制斜拉索风雨振，采用的抑振措施主要包括三类：空气动力学措施、机械措施和结构措施。空气动力学措施是通过改变斜拉索的表面状态，阻止或破坏斜拉索表面水线的形成，达到抑制风雨振的目的。进行气动措施设计时，应综合考虑减振效果和气动阻力系数的改变。气动措施常见的方法有表面缠绕螺旋线、设置凹坑、设置纵向肋条或椭圆环等。其中螺旋线和凹坑应用相对广泛。机械措施是通过设置各种类型的阻尼器达到减振的目的。结构措施是通过设置辅助索等方法达到减振的目的。

12.1 斜拉索模型设计

12.1.1 因为斜拉索的断面尺寸相比风洞试验段尺寸来说较小，一般不用缩尺模型，为了保证相关相似参数，宜采用实际外形的节段模型。

12.1.2 由于斜拉索的垂度同整体长度相比很小，因此在节段模型试验中不考虑垂度和变形的影响，应采用具有足够刚度的模型。模型刚度不足会导致试验过程中模型振动，或发生过大的静力变形，影响试验精度，甚至损坏试验设备。

12.1.3 端部效应会影响测量的精度，设置端板和补偿模型是减小端部效应的常见措施。单纯在模型两端设置补偿模型来消除端部效应，效果有限，不能有效保证流场的二维性，因此在设置补偿模型的情况下仍然应设置端板来保证流场的二维性，并且端板的尺寸不应小于 5 倍的斜拉索模型直径。端板宜安装在补偿模型上[17]。

12.1.4 为了检验气动措施的减振效果，需要在模拟降雨的状态下进行风雨振的测振试验。由于风雨振与索表面形成的水线有关，而节段模型表面水线的形成需要一定长度的积累，因此模型上端一定范围内可能没有水线，或者水线较小，使得模型不易起振，试验结果偏于危险。为了消除该影响，建议减小振动系统的 Sc 数。但是，过度减小有可能使得结果过于保守，建议模型与原型 Sc 数的比值应大于 0.25。

12.2 试验内容

12.2.1 研究表明，新斜拉索不能重现风雨振现象，因为新出厂斜拉索的表面具有很好的憎水性，在表面上不易形成水线，而实际斜拉索表面具有很好的亲水性，因此，进行风雨振的测振试验时，应对新出厂的斜拉索表面进行适当处理（如烟熏、浸泡、打磨等）。

12.2.2 由于斜拉索的横断面为圆形，在特定的雷诺数范围内，周围流场和气动力系数会随雷诺数 Re 发生较大的变化，因此气动力系数的测试应考虑斜拉索的实际静阵风风速对应的雷诺数 Re 大小，同时由于在临界雷诺数范围内，阻力系数会随着雷诺数 Re 的增大而减小，所以在此范围内最大风速对应的气动力不一定是整个风速范围的最大气动力，因此试验中应采取一定的雷诺数步长，获得气动力系数随雷诺数 Re 变化的曲线，根据该曲线计算最大气动力，并确定气动力最大值对应的风速。在风洞试验中，最大的雷诺数和雷诺数步长应满足算得最大气动力的要求。针对单根斜拉索的气动力验算，应考虑临界雷诺数区域的横风向力[18]。

12.3 试验要求

12.3.1 在有条件的情况下，应尽量采用较大长细比的模型。

12.3.2 在一定的风速、雨量和空间姿态下，在斜拉索上表面形成一条水线，使得斜拉索气动特性发生改变，上水线的出现是风雨振发生的必要条件。以往的研究表明，模型长度大于 2m 时，模型表面能够形成稳定的上水线，并再现风雨振现象。因此，测振模型的长度不宜小于 2m。

12.3.3 关于降雨系统，其指标有降雨的强度、降雨高度、有效降雨面积、雨滴谱、均匀度等参数。计算结果表明：雨滴的降落和随风漂移对结构的冲击作用很小，可以忽略不计，风雨振的效果主要取决于雨滴在斜拉索表面的积累，因此试验中需要尽量模拟与此有关的降雨强度、降雨面积、均匀性等参数，对于降雨高度和雨滴谱等指标可适当放宽。

附录 A 桥梁结构阻尼规范值和实测值

A.1 桥梁结构阻尼国内外规范取值

日本《本州四国连络桥耐风设计基准（2001）》[19]有关桥梁结构阻尼比的取值见附录表 A-1，表中数据是根据多座桥的实测数据统计给出的对抗风有利的下限值。日本的大桥钢塔、钢梁较多，因而阻尼取值较小。

附录表 A-1 《本州四国连络桥耐风设计基准（2001）》桥梁结构阻尼取值

桥 梁 种 类	阻 尼 比 ζ	对数衰减率 δ
悬索桥及主梁为桁架的斜拉桥	0.0048	0.030
实腹主梁斜拉桥	0.0032	0.020
自立状态桥塔	0.0016	0.010
施工、成桥状态桥塔	0.0032	0.020
斜拉索	0.0005	0.003

欧洲规范《Eurocode 1：Actions on structures-Part 1-4：General actions-Wind actions》（BS EN 1991-1-4：2005）[20]有关桥梁结构阻尼比的取值见附录表 A-2。表中的阻尼为弯曲基本振型的结构阻尼。

附录表 A-2 《Eurocode 1》（BS EN 1991-1-4：2005）桥梁结构阻尼取值

桥 梁 种 类			阻 尼 比 ζ	对数衰减率 δ
钢桥	缆索承重结构	焊接	0.0024	0.015
		高强螺栓	0.0037	0.023
		普通螺栓	0.0060	0.038
	其他结构	焊接	0.0032	0.020
		高强螺栓	0.0048	0.030
		普通螺栓	0.0080	0.050
钢混组合桥	缆索承重结构		0.0048	0.030
	其他结构		0.0064	0.040
混凝土桥	缆索承重结构	预应力无裂缝	0.0048	0.030
		有裂缝	0.0119	0.075
	其他结构	预应力无裂缝	0.0064	0.040
		有裂缝	0.0159	0.100

续附录表 A-2

桥 梁 种 类		阻 尼 比 ζ	对数衰减率 δ
斜拉索	平行钢丝	0.0010	0.006
	钢绞线	0.0032	0.020

美国《AASHTO LRFD Bridge Design Specifications》(SI Units Third Edition，2005 Interim Revisions)[21]有关桥梁结构阻尼比的取值见附录表 A-3。此处的结构阻尼是用于结构动力分析时的取值。

附录表 A-3 《AASHTO LRFD Bridge Design Specifications》桥梁结构阻尼取值

桥 梁 种 类	阻 尼 比 ζ	对数衰减率 δ
焊接和螺栓连接的钢桥	0.0100	0.063
混凝土桥	0.0200	0.126

《公路悬索桥设计规范》(JTG/T D65-05—2015)[22]抗风计算时桥梁结构阻尼的取值见附录表 A-4。其中下限值对应高阶振动模态，上限值对应一阶或低阶振动模态。

附录表 A-4 《公路悬索桥设计规范》桥梁结构阻尼取值

加劲梁类型	阻 尼 比 ζ	对数衰减率 δ
钢箱梁	0.002 ~ 0.004	0.013 ~ 0.025
钢桁架	0.003 ~ 0.005	0.019 ~ 0.031
钢-混凝土组合梁	0.005 ~ 0.008	0.031 ~ 0.050
钢筋混凝土箱梁	0.010 ~ 0.015	0.063 ~ 0.094

A. 2 桥梁结构阻尼实测值

国内 6 座悬索桥和 25 座斜拉桥的基本情况及基频和阻尼分别见附录表 A-5、附录表 A-6[23]。表中频率和阻尼都为现场实测值，测试几乎全采用环境振动方法。阻尼比随跨度和频率的变化如附录图 A-1 ~ 附录图 A-4 所示[23]。

附录表 A-5 国内悬索桥实测频率和阻尼比

序号	桥 名	跨度（m）	主梁材料	第一阶频率（Hz）	竖弯频率（Hz）	阻尼比（第一阶振型）	阻尼比（竖弯振型）
1	宁波庆丰桥	280	钢-混组合	0.508	0.508	0.019	0.019
2	虎门大桥	888	钢	0.119	0.1344	0.023	0.0132
3	宜昌长江公路大桥	960	钢	0.164	0.164	0.015	0.015
4	青马大桥	1377	钢	0.069	0.114	0.008	0.00687
5	江阴长江大桥	1385	钢	0.055	0.0918	0.013	0.0146
6	西堠门大桥	1650	钢	0.054	0.094	0.021	0.0199

附录表 A-6 国内斜拉桥实测频率和阻尼比

序号	桥 名	跨度 （m）	主梁材料	体系	第一阶频率 （Hz）	竖弯频率 （Hz）	阻尼比 （第一阶振型）	阻尼比 （竖弯振型）
1	德州市新河大桥（主桥）	90	混凝土	半漂浮	0.44	0.73	0.047	0.0618
2	沈阳公和桥	120	混凝土	固结	0.88	0.88	0.059	0.058
3	吉林市临门江大桥	132.5	混凝土	固结	0.48	0.48	0.004	0.00398
4	涪江四桥	140	混凝土	固结	0.8	0.8	0.013	0.013
5	飞龙岛大桥	150	钢-混组合	固结	0.85	0.85	0.007	0.0068
6	南昌八一大桥（北桥）	160	混凝土	固结	0.46	0.46	0.019	0.0189
7	九江大桥	160	混凝土	固结	0.43	0.4297	0.074	0.07399
8	剑邑大桥	165	混凝土	固结	0.45	0.45	0.012	0.0122
9	凤台淮河大桥	224	混凝土	全漂浮	0.53	0.525	0.089	0.089
10	宁波外滩大桥（主桥）	225	钢	固结	0.55	0.55	0.019	0.0187
11	宜宾中坝金沙江大桥	252	混凝土	全漂浮	0.39	0.391	0.020	0.027
12	天津永和桥	260	混凝土	漂浮	0.29	0.43	0.032	0.0214
13	泸州泰安长江大桥	270	混凝土	固结	0.35	0.352	0.014	0.014
14	东营黄河大桥	288	钢	半漂浮	0.45	0.45	0.014	0.014
15	巴东长江大桥	388	混凝土	全漂浮	0.33	0.36	0.015	0.009
16	武汉长江二桥	400	混凝土	半漂浮	0.27	0.27	0.015	0.0152
17	南浦大桥	423	钢-混组合	全漂浮	0.36	0.36	0.013	0.0127
18	香港汲水门桥	430	钢-混组合	半漂浮	0.39	0.39	0.028	0.028
19	滨海公路辽河特大桥	436	钢	半漂浮	0.37	0.37	0.056	0.0556
20	香港汀九大桥	475	钢-混组合	全漂浮	0.17	0.165	0.014	0.0141
21	安庆长江公路大桥	510	钢	半漂浮	0.27	0.273	0.007	0.007
22	福建青州闽江斜拉桥	605	钢-混组合	半漂浮	0.23	0.226	0.007	0.007
23	上海长江隧桥	730	钢	全漂浮	0.23	0.24	0.028	0.023
24	湖北省鄂东长江公路大桥	926	钢-混组合	半漂浮	0.18	0.24	0.007	0.0077
25	苏通大桥	1088	钢	半漂浮	0.082	0.186	0.016	0.0142

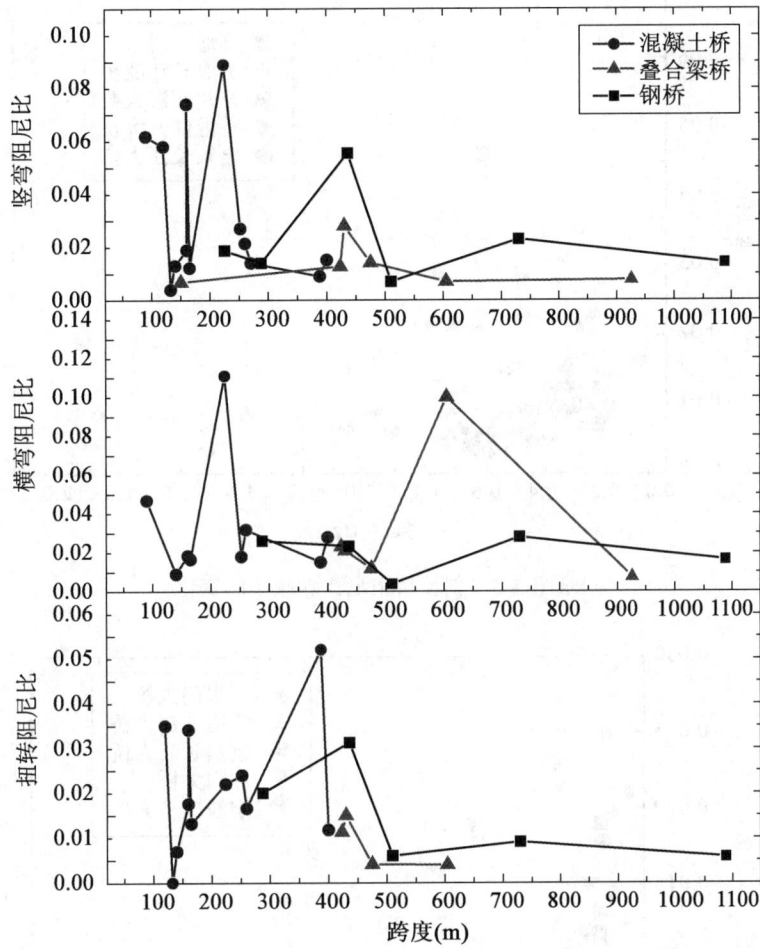

附录图 A-1 斜拉桥阻尼比随跨度的变化

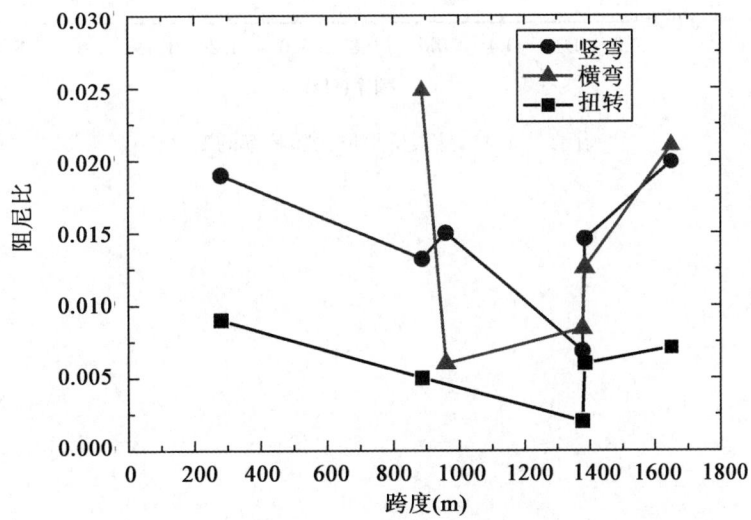

附录图 A-2 悬索桥阻尼比随跨度的变化

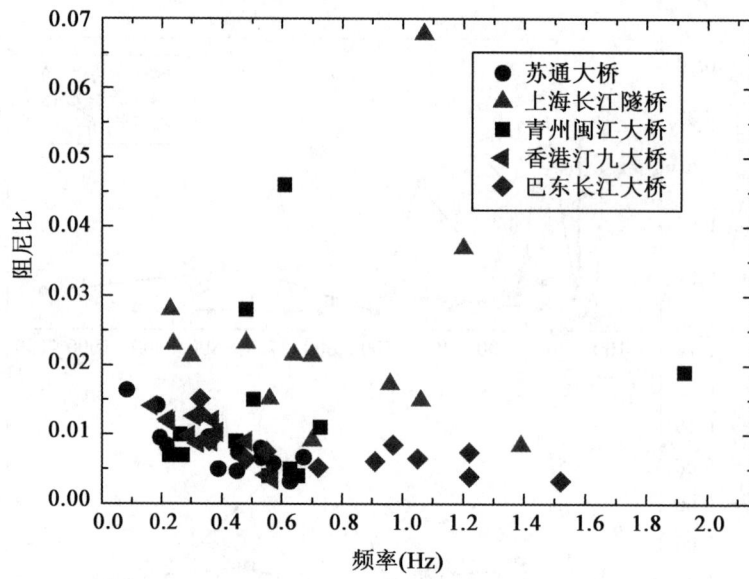

附录图 A-3　斜拉桥阻尼比随频率的变化

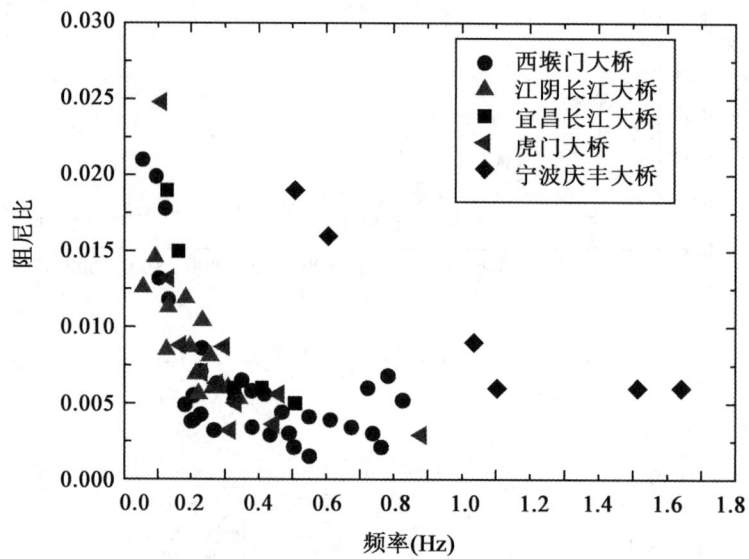

附录图 A-4　悬索桥阻尼比随频率的变化

附录 B　桥塔自立状态测振风洞试验方法

B.1　工程概况及条件说明

附录图 B-1 所示的是某东南沿海大跨度斜拉桥，桥塔为 A 型混凝土桥塔，承台以

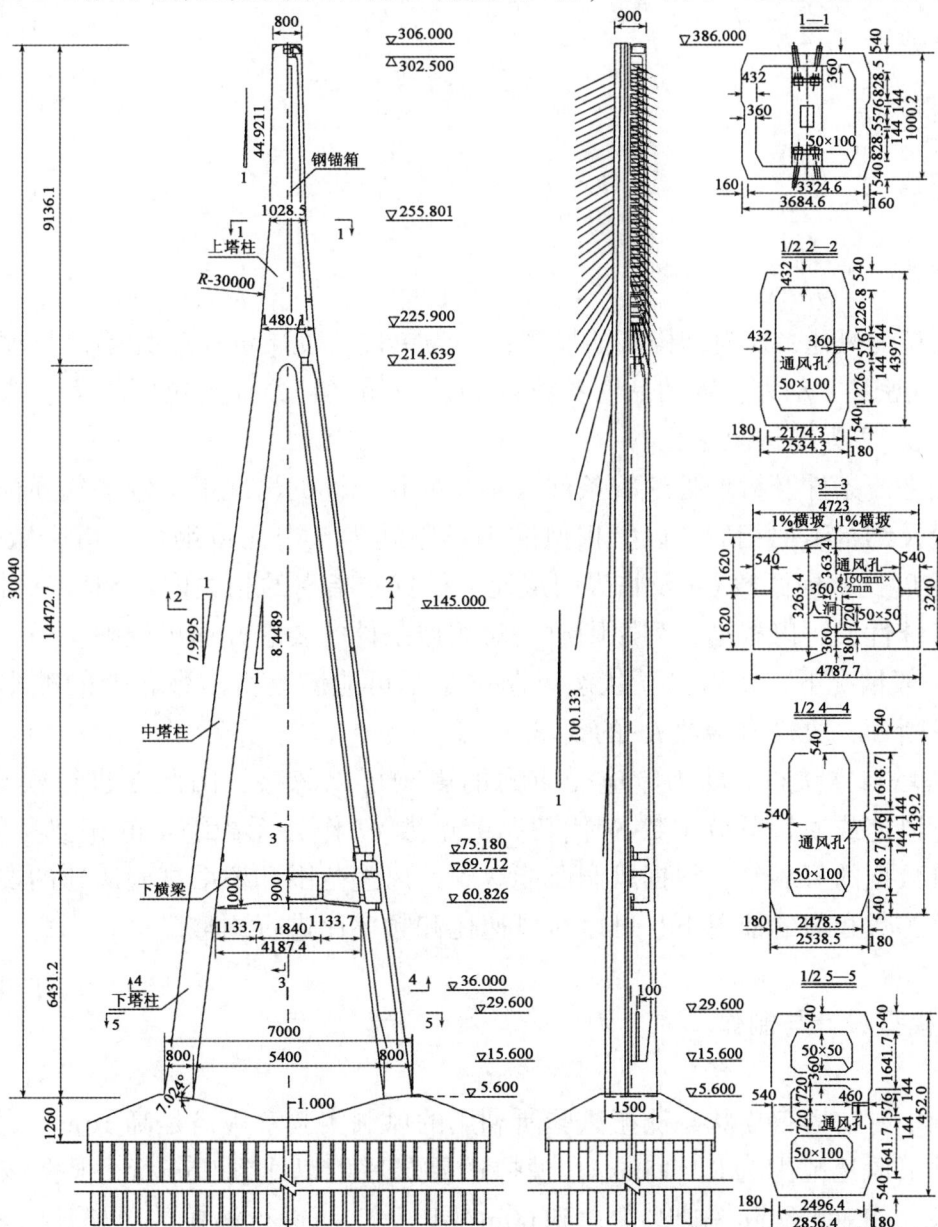

注：本图尺寸中高程以m计，塔柱截面尺寸以mm计，余均以cm为单位。

附录图 B-1　桥塔结构示意图

上高度为306m。在自立索塔状态,结构轻柔,是风致振动的敏感结构。为了检验该桥塔在自然风的作用下可能引起的影响桥塔、施工设施和施工人员安全的涡振、驰振以及大振幅抖振响应,进行了裸塔自立状态风洞模型试验。

B.2 桥塔自立状态测振模型相似性要求

根据相似原理,用于风洞试验的桥塔测振模型应遵循下述准则,即在原型(实桥)和模型之间保持下列无量纲参数的一致性:

弹性参数 $\dfrac{EA}{\rho U^2 B^2}$, $\dfrac{EI}{\rho U^2 B^4}$, $\dfrac{GK}{\rho U^2 B^4}$

惯性参数 $\dfrac{m}{\rho B^2}$, $\dfrac{I_m}{\rho B^4}$

阻尼参数 ζ

黏性参数 $\dfrac{\rho B U}{\mu}$

风速参数 $\dfrac{U}{fb}$

其中,U 为风速;B 为结构特征尺度;m 为单位长度质量;I_m 为单位长度质量惯性矩;ρ 为空气密度;μ 为空气动黏性系数;EA、EI 和 GK 分别为拉压刚度、弯曲刚度和自由扭转刚度;ζ 为结构阻尼比。

在保证来流条件及桥址处地貌条件与实物的相似性的情况下,索塔气弹模型需满足刚度、质量及结构阻尼相似。以上相似准则可归纳为5个无量纲量:雷诺数 Re、弗劳德数 Fr、密度比、柯西数 Ca 及临界阻尼比。根据本指南的相关内容和桥塔自立状态风致振动的特殊性,可以根据下列原则放松对相似条件的要求并作出调整:

(1)一般情况下,桥塔自立状态风洞试验不可能满足雷诺数相似的准则,对于非流线型桥塔断面,放松雷诺数 Re 的要求。

(2)桥塔自立状态的动力响应受重力的影响可以忽略,因此在进行模型设计时,可以用折算风速或斯特罗哈尔数 St 代替弗劳德数 Fr 作为无量纲量的相似参数。因此,为提高测量数据的可靠性,根据风洞所能达到的风速范围和桥塔试验风速的要求,在满足斯特罗哈尔数相似的前提下,可以对风速比和频率比进行调整。

B.3 桥塔模型设计与制作

在本例中,桥塔自立状态测振试验所利用的风洞实验室规格是高16m,宽12m,均匀流场条件下风速范围为0~15m/s,模拟边界层后可以达到15m/s。根据该桥塔的风洞试验要求,相对于实际风速必须达到60m/s以上,而进行涡振的风速比又不能太小。综合考虑涡振、驰振和抖振对风速范围的要求,模型缩尺比选择为1:100,将风速比调整为 1:6。其相似条件见附录表 B-1。

附录表 B-1 桥塔模型相似条件

参 数 名 称	表 达 式	相 似 比
长度	$\lambda_L = \dfrac{L_m}{L_p}$	1/100
时间	$\lambda_t = \dfrac{t_m}{t_p}$	6/100
风速	$\lambda_v = \dfrac{v_m}{v_p}$	1:6
频率	$\lambda_f = \dfrac{f_m}{f_p}$	100/6
密度	$\lambda_\rho = \dfrac{\rho_m}{\rho_p}$	1:1
单位长度质量	$\lambda_m = \dfrac{m_m}{m_p}$	$1/100^2$
单位长度质量惯性矩	$\lambda_{I_m} = \dfrac{(I_m)_m}{(I_m)_p}$	$1/100^4$
弯曲刚度	$\lambda_{EI} = \dfrac{(EI)_m}{(EI)_p}$	$1/(6^2 \times 100^4)$
自由扭转刚度	$\lambda_{GJ_d} = \dfrac{(GJ_d)_m}{(GJ_d)_p}$	$1/(6^2 \times 100^4)$
约束扭转刚度	$\lambda_{EJ_w} = \dfrac{(EJ_w)_m}{(EJ_w)_p}$	$1/(6^2 \times 100^4)$
结构阻尼（对数衰减率）	$\lambda_\delta = \dfrac{\delta_{sm}}{\delta_{sp}}$	1:1

B.3.1 桥塔模型刚度模拟和设计

桥塔模型的刚度设计与制造采用传统的弹性模型制作方法，即结构刚度由金属芯梁提供。附录表 B-2 给出了原桥塔的刚度、模型要求刚度和由钢芯梁设计实际提供的刚度，附录图 B-2 给出了钢芯梁的具体尺寸。在桥塔芯梁的设计过程中，根据模型和实际桥塔结构动力特性相似的原则，做了如下处理：

（1）桥塔顺桥向（面外）刚度模型要求与实际芯梁刚度保持相似。

（2）桥塔下塔柱和中塔柱的横向刚度和拉伸刚度。由于中下塔柱为双塔柱，如果每个塔柱的横向刚度按照模型要求设计，在现有的材料和加工条件下，中下塔柱的芯梁面积会超出要求，从而引起桥塔的整体横向刚度远远超出模型相似要求。本试验模型的处理方法是将截面 1—1 到截面 8—8 横向刚度折减，通过有限元试算，从而保证桥塔的第一横向频率和振型并满足相似要求，其他横向高阶振型不再模拟。

（3）桥塔芯梁的整体扭转刚度由两个中下塔柱的横向刚度提供，因此单根塔柱的扭转刚度放松要求后，不会影响桥塔的整体扭转频率。另外，桥塔的扭转振型一般是高阶振型，在桥塔试验中可以放松要求。

附录表 B-2　芯 梁 设 计 表

原桥塔几何截面性质				
截面	A（mm^2）	I_z（面内）（m^4）	I_y（面外）（m^4）	J_x（扭转常数）（m^4）
1—1	119.01	626.08	2193.40	1702.90
2—2	68.33	492.00	1401.00	1210.80
3—3	57.47	466.67	1356.20	1181.70
4—4	53.35	382.23	1081.50	965.20
5—5	44.73	348.96	975.26	861.78
7—7	35.57	191.45	478.06	463.13
8—8	58.37	409.61	659.38	801.48
9—9	53.33	1416.30	865.72	1744.10
10—10	31.98	269.38	323.02	485.65
横梁	48.35	524.90	1123.20	1159.70
试验模型要求				
截面	A（mm^2）	I_z（面内）（mm^4）	I_y（面外）（mm^4）	J_x（扭转常数）（mm^4）
1—1	55.10	28985	101546	87815
2—2	31.64	22778	64861	62438
3—3	26.60	21605	62787	60938
4—4	24.70	17696	50069	49773
5—5	20.71	16156	45151	44440
7—7	16.47	8863	22132	23883
8—8	27.02	18963	30527	41330
9—9	24.69	65569	40080	89939
10—10	14.81	12471	14955	25044
横梁	22.38	24301	52000	59803
实际设计芯梁				
截面	A（mm^2）	I_z（面内）（mm^4）	I_y（面外）（mm^4）	J_x（扭转常数）（mm^4）
1—1	738	20161	102440	58135
2—2	621	16037	64514	44065
3—3	607	15145	62343	41825
4—4	546	12391	49864	34049
5—5	522	11408	45071	31220
7—7	282	9401	4674	10695

续附录表 B-2

	实际设计芯梁			
截面	A （mm^2）	I_z（面内） （mm^4）	I_y（面外） （mm^4）	J_x（扭转常数） （mm^4）
8—8	491	13268	30520	31389
9—9	783	63884	40755	84095
10—10	403.20	12386	14818	30825
横梁	651	23924	52134	55620

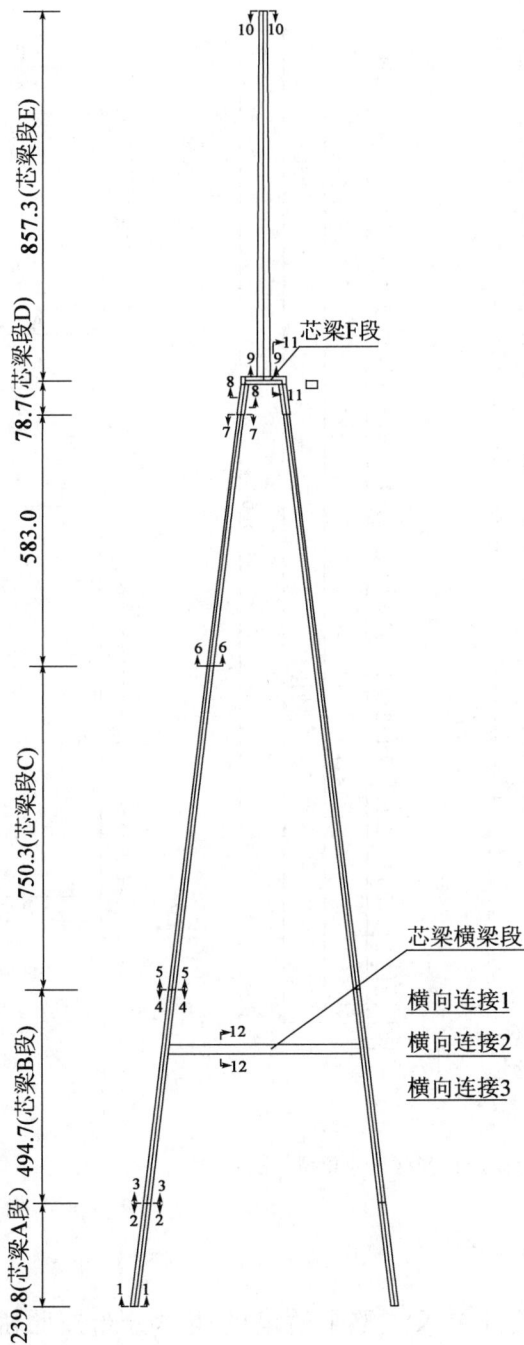

芯梁加工材料表

组件	材料	数量
芯梁A段	钢材	2
芯梁B段	钢材	2
芯梁C段	钢材	2
芯梁D段	钢材	2
芯梁E段	钢材	2
芯梁F段	钢材	1
芯梁横梁	钢材	1

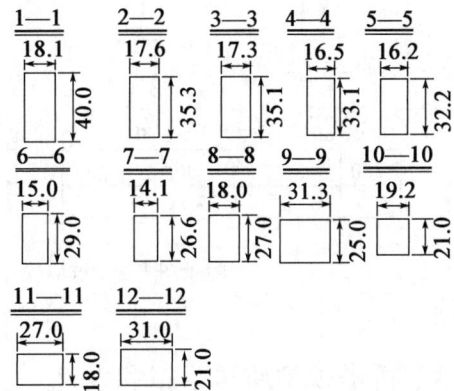

附录图 B-2　芯梁设计布置和尺寸（尺寸单位：mm）

B.3.2 桥塔模型外形模拟和设计

塔柱外形的外模由烘干松木制造。其形状根据所在位置不同（芯梁上和外模的内部）分别为方条形、圆柱形或板。为避免塔柱外模提供额外的刚度，将外模分割成一系列长度为 194~212mm 的节段，节段间的缝隙为 2mm，并用刚度非常小的密封带先密封后再均匀切开，以防密封带提供附加刚度，并尽可能减少气流流入节段间的缝隙。整个塔高划分为 14 个节段，如附录图 B-3 所示。

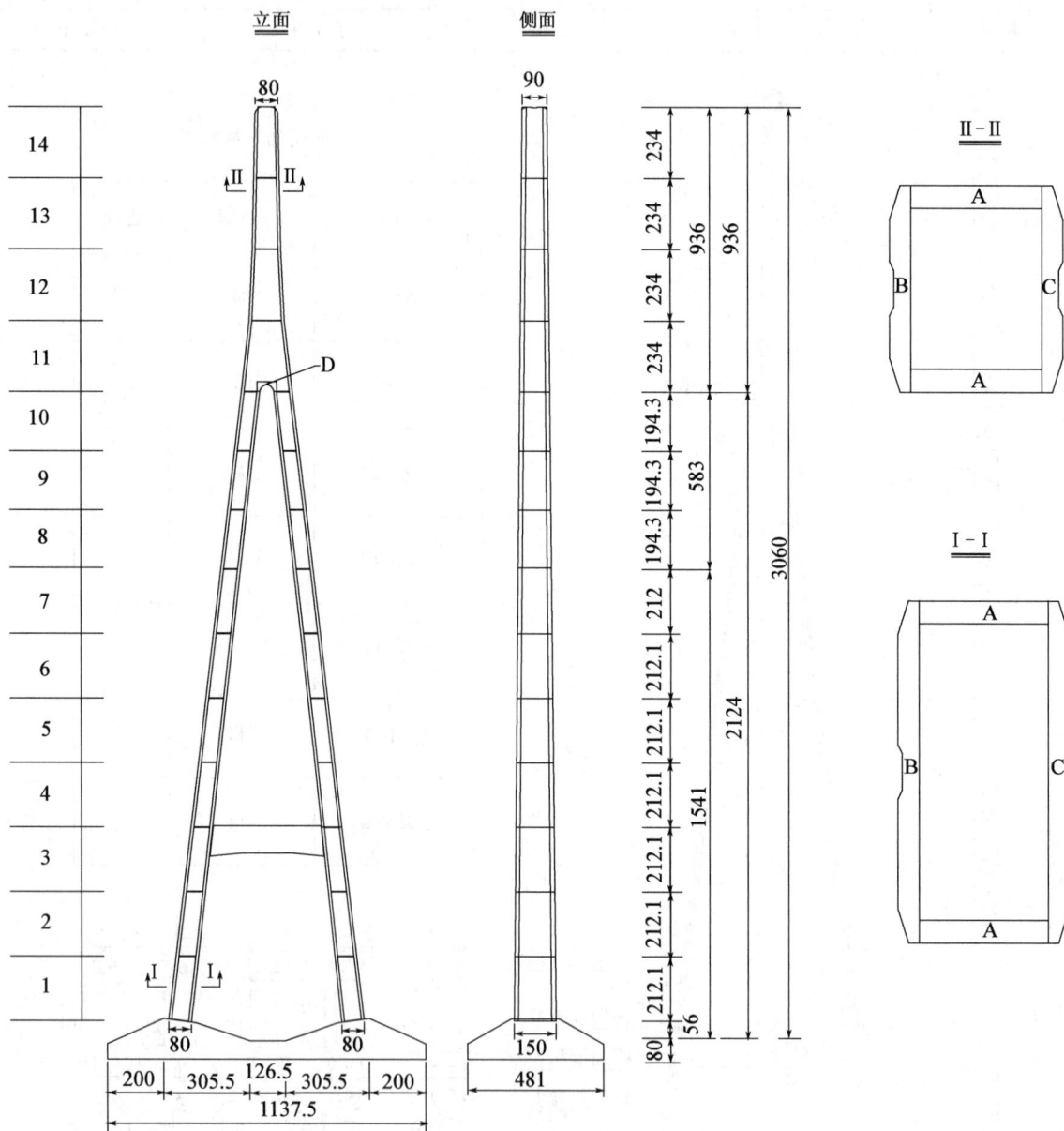

附录图 B-3　桥塔模型外模设计布置（尺寸单位：mm）

B.3.3 桥塔模型质量模拟和设计

桥塔的质量和质量分布严格满足相似条件要求。整个桥塔的质量分布按照桥塔外模划分的节段转化为集中质量模拟。本试验模型划分为 14 个节段和横梁，每个节段模型的质量由三部分组成：①芯梁，由于芯梁是均质钢材，每段模型的质量可以通过计算得到准确数值；②桥塔的外模，桥塔的外模做好之后，用天平直接称出质量；③芯梁和外模提供的质量还不能满足相似要求的，利用铅块配重。桥塔的扭转质量主要由两个塔柱的平动质量提供，且本试验不关心扭转振型，可以放松要求。原塔及模型的质量特性见附录表 B-3。

附录表 B-3　桥塔模型质量计算

节　段　号	原桥集中质量（kg）	缩　尺　比	模型集中质量（g）
1	5818163	1×10^6	5818
2	3349351	1×10^6	3349
3	2964889	1×10^6	2965
4	2381853	1×10^6	2382
5	2476939	1×10^6	2477
6	2392672	1×10^6	2393
7	2330410	1×10^6	2330
8	2116188	1×10^6	2116
9	1615341	1×10^6	1615
10	1872339	1×10^6	1872
11	4587924	1×10^6	4588
12	2674019	1×10^6	2674
13	2615243	1×10^6	2615
14	2059620	1×10^6	2060
横梁	7382639	1×10^6	7383

B.4　桥塔模型检验

桥塔模型加工完成后，如附录图 B-4 所示，必须对桥塔模型的外形、质量分布和结构动力特性进行检验。

附录图 B-4　加工完成的桥塔模型

B.4.1 外形检验

附录表 B-4 给出了外模尺寸的测量结果。

附录表 B-4　桥塔模型的外形主要尺寸检验

分　段　号	横桥向（mm）		顺桥向（mm）	
	设计值	实测值	设计值	实测值
1	80.1	80.4	150.0	150.8
2	79.4	78.8	145.7	145.8
3	77.8	77.3	141.5	141.6
4	76.1	75.9	137.3	137.2
5	74.5	74.0	133.0	133.1
6	72.8	72.1	128.8	128.4
7	71.2	70.2	124.6	124.2
8	69.5	68.6	120.3	120.8
9	68.0	67.2	116.4	116.9
10	66.5	66.5	112.6	112.8
11	179.2	178.6	108.7	108.6
12	124.5	123.6	104.0	103.3
13	100.8	99.9	99.3	99.0
14	90.4	89.1	94.7	94.6
塔顶	80.0	80.4	90.0	90.3

注：1. 编号 1 为塔柱最底端节段，14 为顶端节段。

　　2. 除塔顶外，其他尺寸均为各节段的底部。

B.4.2　质量检验

附录图 B-5 给出了质量模拟结果。如果严格按照 2.3.3 中的方法设计质量，本检验可以省略。

B.4.3　动力特性检验

结构动力特性检验包括桥塔模型的频率、振型和固有结构阻尼。根据试验要求，该桥塔模型最主要的三个频率为第一顺桥向弯曲、第二顺桥向弯曲和第一横桥向弯曲，其他振型不作要求。测试结果见附录表 B-5、附录图 B-6。表中同时也给出了实际结构的频率和振型计算值。

质量 (g)	数量
2060	1
2615	1
2674	1
4558	1
1872	2
1615	2
2116	2
2330	2
2393	2
2477	2
2382	2
2965	2
3349	2
5818	2

7383

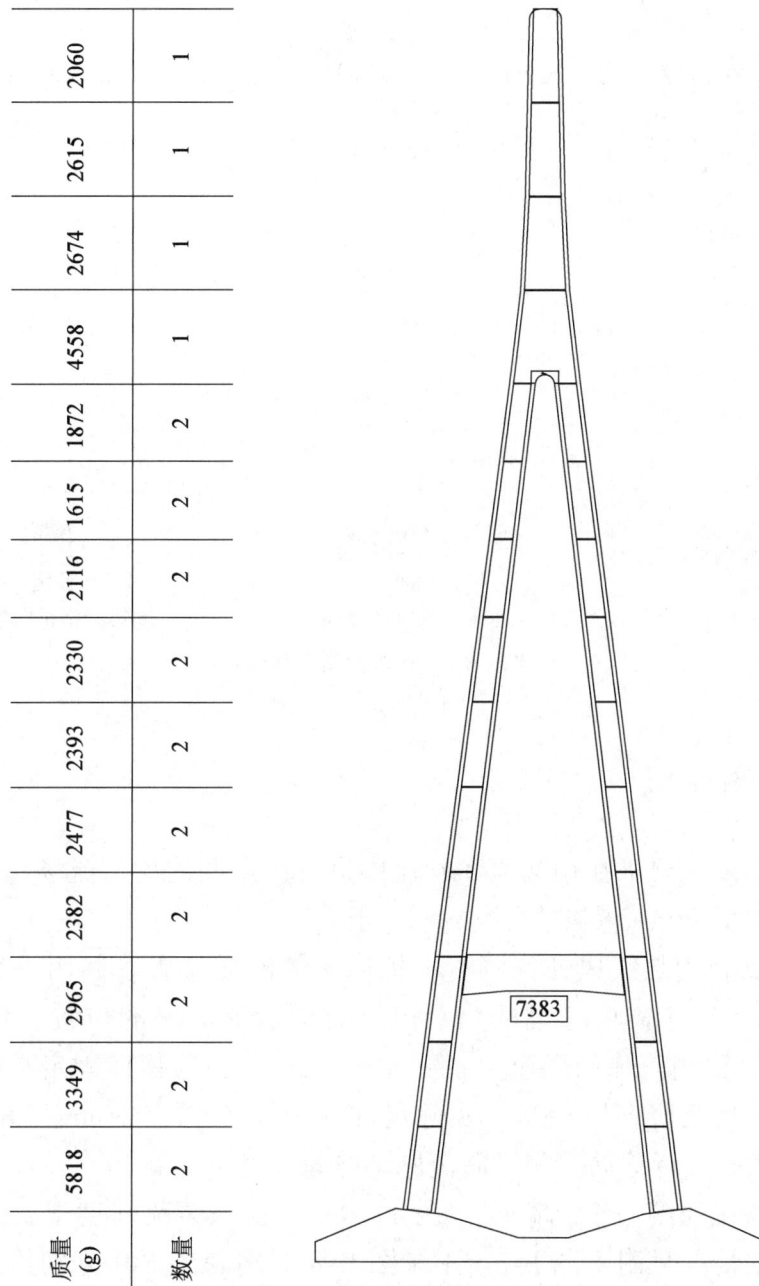

附录图 B-5　模型质量和质量分布

附录表 B-5　桥塔模型振动频率和阻尼检验

振型特点	原塔 （Hz）	模型要求 （Hz）	模型计算 （Hz）	模型实测 （Hz）	误差 （%）	阻尼比 （%）
第一顺桥向弯曲	0.1498	2.497	2.480	2.441	-2.24	0.46
第二顺桥向弯曲	0.6951	11.585	11.557	11.435	-1.29	0.52
第三顺桥向弯曲	1.5867	26.445	26.271	—	—	—
第一横桥向弯曲	0.4831	8.052	8.146	7.915	-1.70	0.50
第一扭转	1.1619	19.365	19.272	—	—	—

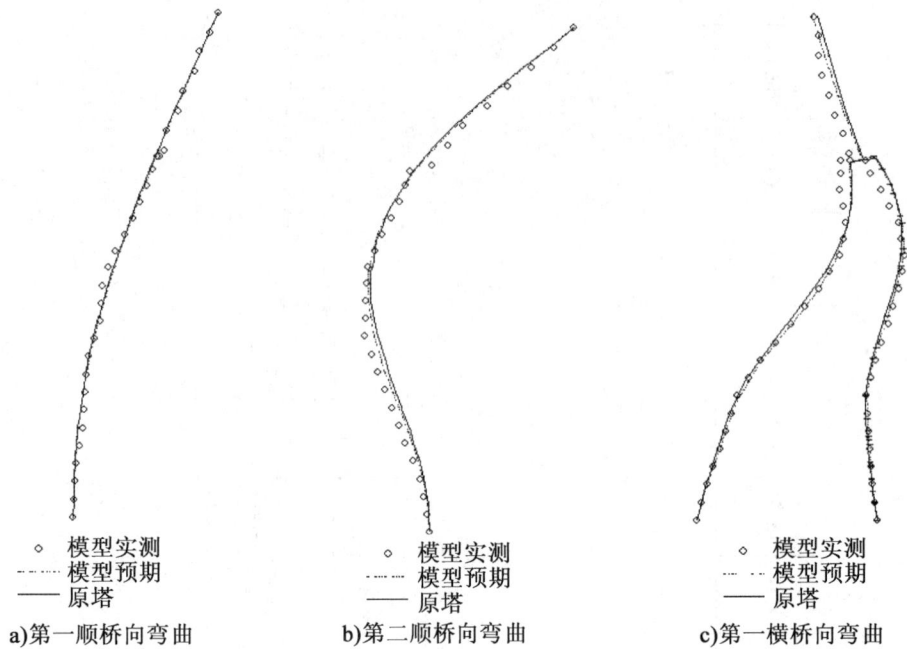

◇ 模型实测	◇ 模型实测	◇ 模型实测
------- 模型预期	------- 模型预期	------- 模型预期
—— 原塔	—— 原塔	—— 原塔
a)第一顺桥向弯曲	b)第二顺桥向弯曲	c)第一横桥向弯曲

附录图 B-6　桥塔模型振型检验

B.5　风场特性调试

桥塔模型风洞试验要求在均匀流和紊流中进行，风洞的均匀流场一般都能满足试验要求，紊流场需要根据试验模型的要求进行调试。

紊流场的测试利用热线风速仪测量模拟风场的流场品质。使用一维探针测量来流顺方向风速 $U(z)$。对于需要考虑两个及以上方向紊流分量的位置，使用二维探针测量水平脉动风速 u 和侧向脉动风速 v（侧向）。将一个热线探针固定在桥塔的主梁高度处，另一个探针沿桥塔竖向以相当于实际尺寸为 10m、20m、30m、50m、70m、100m、150m、200m、300m 进行移动，测量湍流脉动分量 u 和 v。

试验要求的紊流强度（桥面高度）为 11.0%。在该紊流强度下，大气边界层模拟装置各组件的布置情况见附录图 B-7。附录图 B-8 和附录图 B-9 分别给出了平均风速剖面、紊流强度剖面、顺风向和横向风谱。紊流积分尺度很难与实际相似，放松要求。

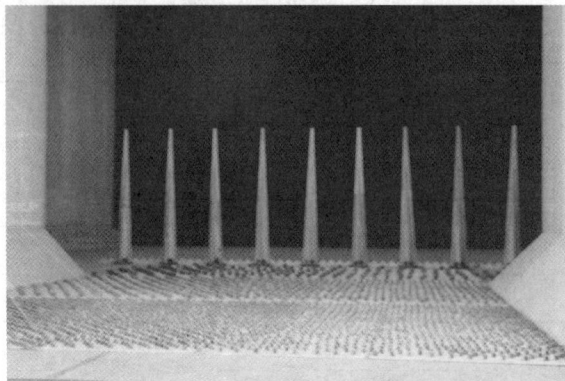

附录图 B-7　大气边界层模拟装置各组件布置

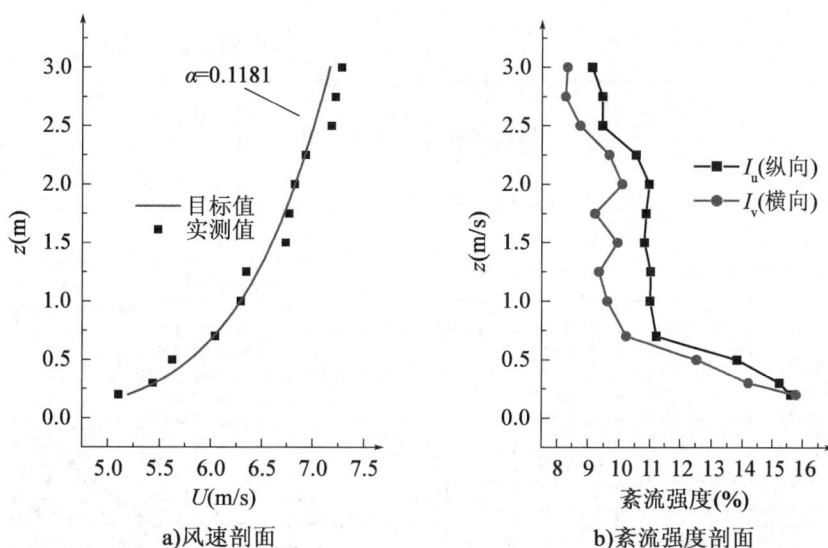

附录图 B-8　风速和紊流强度剖面

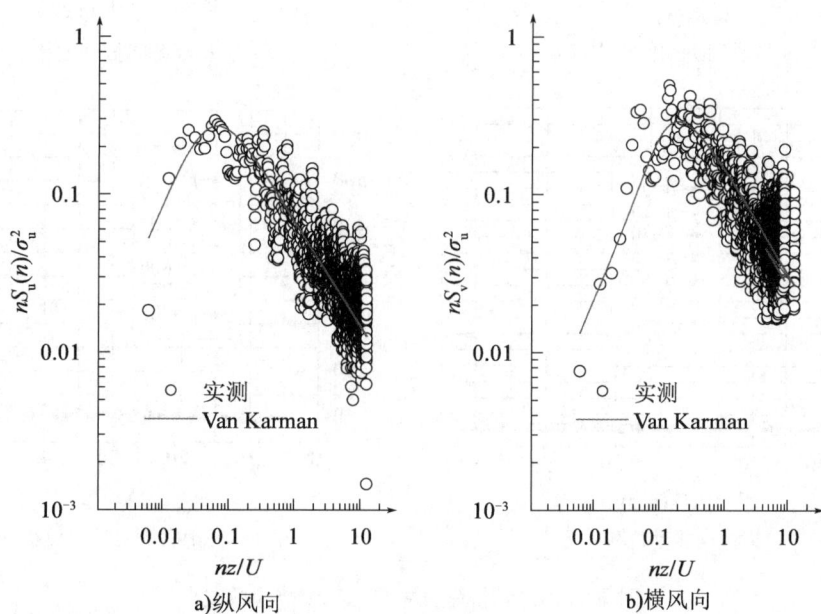

附录图 B-9　紊流场风速谱（桥面高度）

B.6　试验结果

B.6.1　均匀流场中桥塔模型试验

方向角的定义如附录图 B-10 所示。按照 0°～90°，风偏角间隔为 15°，寻找桥塔模型的最不利风向角。附录图 B-11 为塔顶顺桥向和横桥向的平均位移和位移均方差随风速和风向角变化的情况。从图中可以看出：塔顶横桥向响应与顺桥向相比很小，而且在试验风速和风向范围内，也没有观察到明显的涡振现象。而当风向角为 0°时，顺桥向发生了明显的涡振，在相当于实际风速为 13.8m/s 时的塔顶位移均方根达 279mm。

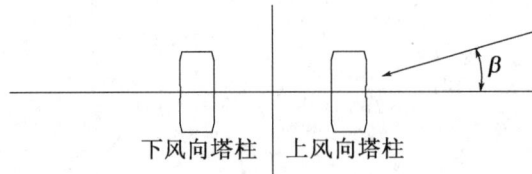

附录图 B-10　风向角（逆时针为正）

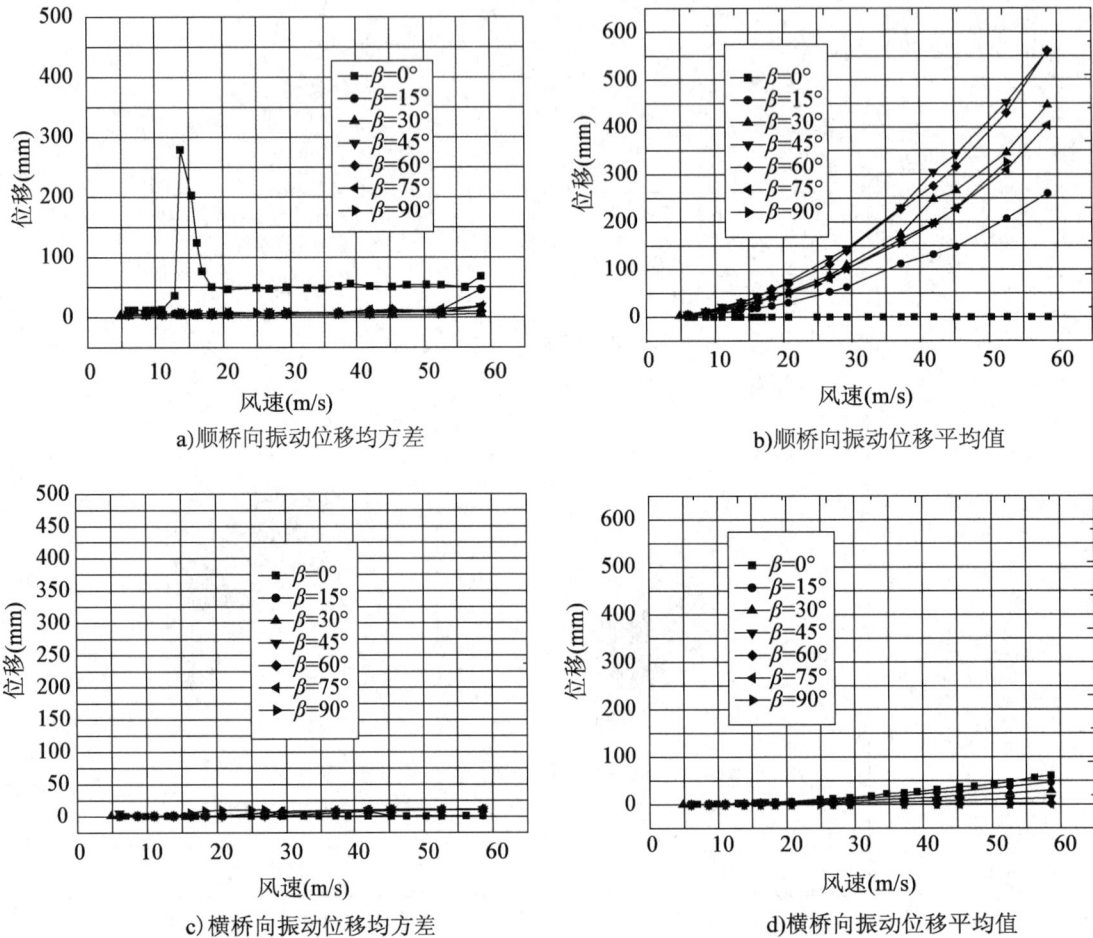

附录图 B-11　桥塔自立状态风致响应曲线

由上述试验，确定了最不利风向角应在 0° 附近，仔细寻找，得出桥塔涡振的最佳大振幅的锁定风速，并在锁定（lock-in）区，选定某一风速，保持不变，从 −12° 到 12°，以 1.5° 的间隔改变风向角。附录图 B-12 给出了塔顶顺桥向和横桥向的风致响应随风向角变化的情况。从图中可以看出：施工工况 1 在 0° 风向角、相当于实际风速为 12.8m/s 时的塔顶顺桥向位移均方根达 457mm。

B.6.2　紊流场中桥塔模型试验

紊流场中桥塔试验主要测量桥塔的抖振响应，得出桥塔在紊流风作用下的振动位移和内力，用于桥塔的安全性评价。作为示例，附录图 B-13 只给出塔顶顺桥向和横桥振动位移均方差随风速变化曲线。一般情况下，桥塔的涡振振幅会大幅度减小甚至消失。

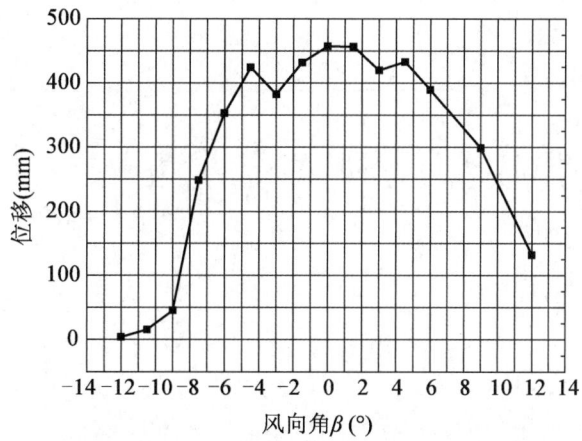

附录图 B-12　涡振锁定风速下最不利风向角附近顺桥向位移均方差

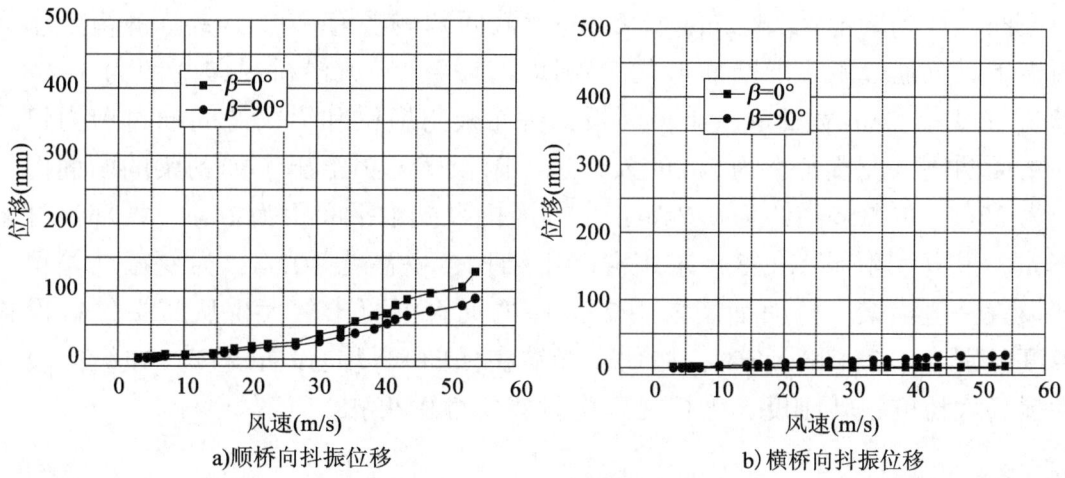

a)顺桥向抖振位移

b)横桥向抖振位移

附录图 B-13　紊流场中抖振响应试验结果

附录 C 全桥气弹模型风洞试验方法

C.1 工程概况

某大桥是跨度为 838m 的单跨悬索桥，矢跨比为 1/10，两个边主缆水平长度分别为 250m 和 215m，大桥整体布置图如附录图 C-1 所示。加劲梁（附录图 C-2）采用钢-混凝土组合截面，加劲梁全宽 33.2m，高 2.8m，截面两侧各有一个小闭口钢箱梁作为主纵梁，两根主纵梁通过工字形断面形式的钢横梁连接，横梁沿桥纵向间距为 3.2m，横梁上铺设 22cm 厚、25m 宽的混凝土桥面板，桥面板与横梁和纵梁之间通过剪力钉连接成整体，断面两侧各设置了宽为 2m 的人行道，附录图 C-2 给出了加劲梁的断面图。主缆中心距为 26m，主缆外径约为 0.74m，吊杆沿桥纵向水平间距为 16m，端部吊杆水平间距为 19m。主塔（附录图 C-3）采用混凝土结构，塔高为 107m，为变截面箱梁，桥塔在顶部设置一道横梁。桥面铺装采用 7cm 厚的沥青混凝土。大桥从跨中位置设置双向坡，坡度分别为 1.2% 和 2.3%，加劲梁梁端在横向和竖向设置支座，在纵向设置阻尼器。为提高大桥的扭转刚度，大桥在跨中设置柔性中央扣。

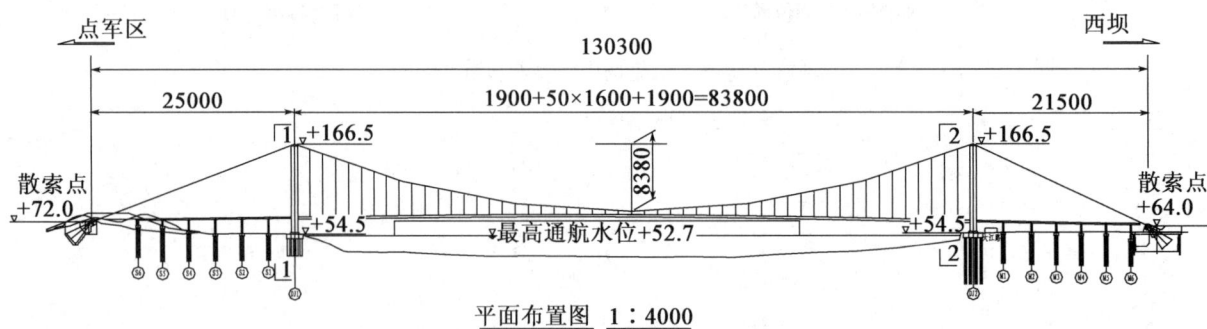

附录图 C-1 大桥立面图（尺寸单位：mm，高程单位：m）

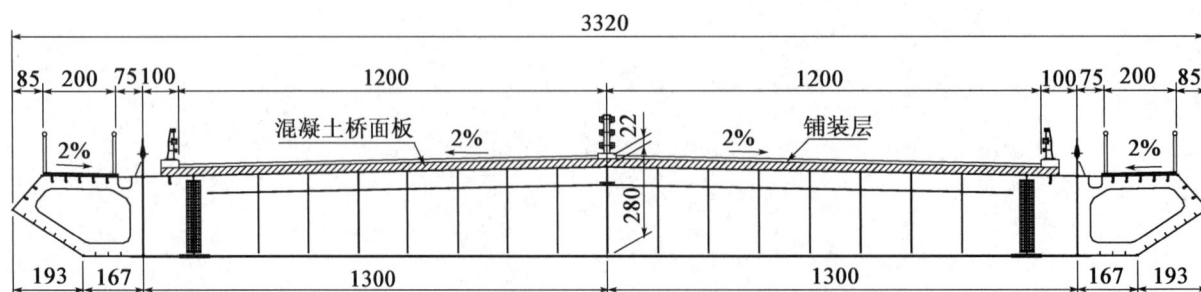

附录图 C-2 加劲梁断面（尺寸单位：mm）

附录图 C-3 桥塔布置图 (尺寸单位: mm)

C.2 全桥气弹模型相似性要求

在全桥气弹模型风洞试验中,不仅要模拟结构外形几何尺寸和来流风场特性,而且还要模拟反映结构与气流相互作用的气弹效应。一般来说,气弹模型设计时的相似准则包括结构的长度、密度、弹性和阻尼相似,以及气流密度和黏性、速度和重力加速度等相似,这些物理量可用几个无量纲参数来表示,如雷诺数 Re、弗劳德数 Fr、斯特罗哈尔数 St、柯西数 Ca、密度比、阻尼比等。总的来说,气弹模型风洞试验必须满足的相似性条件可采用如附录表 C-1 所示的无量纲参数来表示。

附录表 C-1　全桥气弹模型试验所需的无量纲参数相似要求

无量纲参数	表 达 式	物 理 意 义	相 似 要 求
雷诺数 Re	$\rho UB/\mu$	气动惯性力/空气黏性力	钝体可不模拟
弗劳德数 Fr	gB/U^2	结构重力/气动惯性力	严格相似
斯特罗哈尔数 St	fL/U	时间尺度	严格相似
柯西数 Ca	$E/\rho U^2$	结构弹性力/气动惯性力	严格相似
密度比	ρ_s/ρ	结构物惯性力/气动惯性力	严格相似
阻尼比	ζ	每周期耗能/振动总能量	严格相似

另外，还应当遵循下述相似准则，即在原型（实桥）和全桥气弹模型之间保持下列弹性参数及惯性（质量）参数的一致性：

弹性参数　$\dfrac{EA}{\rho U^2 B^2}$，$\dfrac{EI}{\rho U^2 B^4}$，$\dfrac{GJ_d}{\rho U^2 B^4}$

惯性参数　$\dfrac{m}{\rho B^2}$，$\dfrac{J_m}{\rho B^4}$

其中，U 为来流风速；B 为结构特征尺度，此处为大桥加劲梁总宽度；m 为单位长度质量；J_m 为单位长度质量惯性矩；ρ 为空气密度；μ 为空气动力黏性系数；EA、EI 和 GJ_d 分别为轴向刚度、弯曲刚度和自由扭转刚度；ζ 为桥梁结构阻尼比。

C.3　气弹模型设计与制作

考虑到本桥进行试验的风洞尺寸要求（宽8.5m、高2m、长15m），以及模拟主缆的钢丝直径规格，采用1∶118的几何缩尺比进行全桥气弹模型的设计与制作。全桥模型与实桥除满足几何外形相似外，还应满足决定动力特性相似的质量分布、刚度及阻尼特性相似，如附录表 C-2 所示。气弹模型采用刚性骨架加外衣与配重的设计方法，其中刚性骨架用于模拟结构刚度，外衣模拟结构的气动外形，配重用于模拟结构的质量特性。

附录表 C-2　全桥气弹模型相似比

参 数	符 号	单 位	相 似 比	相 似 要 求
长度	L	m	$\lambda_L = 1:118$	几何相似比
风速	U	m/s	$\lambda_U = (\lambda_L)^{0.5} = 1:10.86$	弗劳德数 Fr
频率	f	Hz	$\lambda_f = \lambda_U/\lambda_L = 10.86:1$	斯特罗哈尔数 St
时间	t	s	$\lambda_t = 1/\lambda_f = 1:10.86$	斯特罗哈尔数 St
单位长度质量	m	kg/m	$\lambda_m = (\lambda_L)^2 = 1:118^2$	量纲
单位质量惯性矩	J_m	kg·m²/m	$\lambda_{J_m} = (\lambda_L)^4 = 1:118^4$	量纲
弯曲刚度	EI	N·m	$\lambda_{EI} = (\lambda_L)^5 = 1:118^5$	量纲
扭转刚度	GJ_d	N·m²	$\lambda_{GJ_d} = (\lambda_L)^5 = 1:118^5$	量纲
轴向刚度	EA	N	$\lambda_{EA} = (\lambda_L)^3 = 1:118^3$	量纲
模态阻尼比	ζ	—	$\lambda_\zeta = 1$	量纲

C.3.1 主缆设计

气弹模型中主缆按刚度相似、质量相似以及所受准定常风荷载相似的原则进行设计。

根据刚度相似原则确定主缆钢丝直径，主缆材料采用钢丝。气弹模型的几何缩尺比 $n = 118$，模型主缆钢丝的弹性模量 $E_m = 2.1 \times 10^{11} \mathrm{Pa}$，根据模型主缆拉伸刚度相似的要求，有：

$$\frac{E_m A_m}{E_p A_p} = \frac{1}{n^3}$$

$$D_m = \sqrt{\frac{4A_m}{\pi}} = \sqrt{\frac{4A_p E_p}{\pi n^3 E_m}} = \sqrt{\frac{4 \times 0.3425 \times 1.96 \times 10^{11}}{3.14 \times 118^3 \times 2.1 \times 10^{11}}} = 0.4978(\mathrm{mm}) \approx 0.5(\mathrm{mm})$$

其中，下标 m 和 p 分别表示模型和实桥，因而确定主缆直径为 0.5mm。

根据质量相似和准定常风荷载相似原则，确定主缆的配重质量和几何外形。考虑到主缆静风荷载与质量都要满足相似比的要求，因此采用质量较轻的铝柱和质量较大的铁柱两种材料来模拟。经过计算，确定在中跨主缆与吊杆结点处以及地锚吊杆与主塔之间的主缆上配置铝柱和直径大小相同的铁柱，其中铝柱长度为 29mm，数量 206 个；铁柱的长度为 6mm，数量 206 个，铝柱和铁柱的直径均为 12mm。附录表 C-3 为主缆设计的配重质量和挡风面积核算。

附录表 C-3 中跨主缆配重质量和挡风面积

设 计 参 数	实 桥 值	模型目标值	模型实际值	误差（%）
配重质量（kg）	4714171	2.8692	2.86	−0.3
挡风面积（m²）	1254.13	0.09	0.0902	0.2

C.3.2 吊杆设计

吊杆是受拉构件，根据相似理论应按抗拉刚度相似的原则确定模型吊杆直径。实桥吊杆弹性模量 $E_p = 1.6 \times 10^{11} \mathrm{Pa}$，模型几何缩尺比 $n = 118$，模型吊杆采用钢丝或铁丝，材料弹性模量 $E_m = 2.1 \times 10^{11} \mathrm{Pa}$，由此可以计算模型中吊杆的钢丝直径：

$$D_m = \sqrt{\frac{4A_m}{\pi}} = \sqrt{\frac{4A_p E_p}{\pi n^3 E_m}} = \sqrt{\frac{4 \times 0.00296 \times 1.6 \times 10^{11}}{3.14 \times 118^3 \times 2.1 \times 10^{11}}} = 0.042(\mathrm{mm})$$

按刚度相似原则确定的模型各类吊杆直径都非常小，购买和安装这样小的钢丝都存在较大的困难。考虑到吊杆在悬索桥结构中不是主要受力构件，其主要作用是把加劲梁恒载及活载传递到主缆上，且吊杆的质量和挡风面积与主缆和加劲梁相比都很小，因此可以不按照抗拉刚度相似原则设计吊杆钢丝直径，而选择了直径 0.5mm 的铁丝作为吊杆材料。

C.3.3 加劲梁设计

模型加劲梁的设计采用芯梁加外衣的形式。芯梁用于模拟加劲梁刚度，按照竖弯刚度、侧弯刚度和扭转刚度相似的原则确定芯梁的尺寸;外衣用于模拟加劲梁、桥面以及其他附属设施的气动外形,根据几何缩尺比直接确定。

为了减小芯梁高度,避免芯梁对加劲梁原始气动外形的干扰,选择 A3 钢作为芯梁材料。为了使芯梁同时满足竖弯刚度、侧弯刚度和扭转刚度三个方面的相似要求,选用了双主梁脊骨(纵向)+鱼骨(横向)的形式,如附录图 C-4 所示。双主梁有三个独立的设计参数:高度、宽度以及双主梁间距,在理论上有唯一解使芯梁同时满足三个方向的刚度相似要求。为了提高加劲梁的整体刚度,芯梁采用分段整体线切割,再分段铆接形成整体。

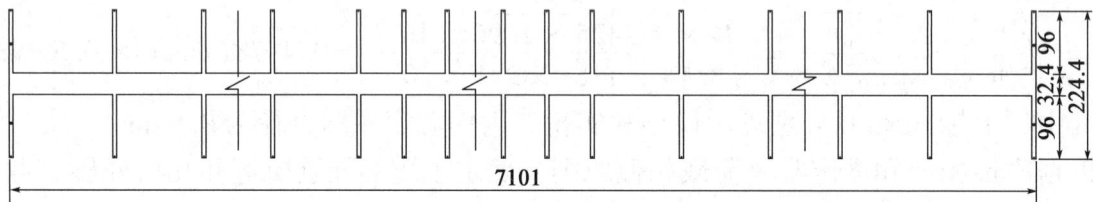

附录图 C-4　模型钢芯梁整体布置图(尺寸单位:mm)

设计芯梁参数之前必须先得到实桥钢-混凝土叠合加劲梁的等效刚度,具体做法是:采用整个加劲梁作为悬臂梁模型,在悬臂梁不同位置加载计算,对不同位置计算结果取平均作为加劲梁的等效刚度,然后根据刚度相似原则确定模型双主梁芯梁的等效刚度,并通过试凑法得到钢芯梁的设计参数。附录表 C-4 为实桥钢-混叠合梁的等效刚度及根据实体单元建模确定的钢芯梁的实际等效截面惯性矩。附录图 C-5、附录图 C-6 给出了钢芯梁截面。

附录表 C-4　实桥加劲梁与钢芯梁等效截面惯性矩比较

刚 度 系 数	实 桥 值	模型目标值	模型实际值	误差(%)
竖向等效刚度(m⁴)	0.917	40.08×10^{-12}	43.3×10^{-12}	-8.3
侧向等效刚度(m⁴)	124.25	5431×10^{-12}	5520×10^{-12}	-1.64
扭转常数(m⁵)	0.554	24.22×10^{-12}	24.4×10^{-12}	-0.74

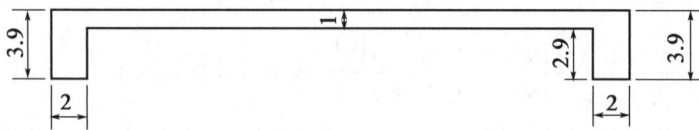

附录图 C-5　芯梁脊骨尺寸(尺寸单位:cm)

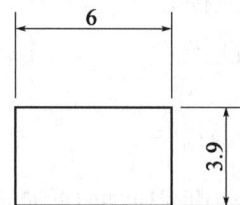

附录图 C-6　芯梁鱼骨尺寸
(尺寸单位:cm)

加劲梁外衣直接按照几何缩尺比设计,附录图 C-7、附录图 C-8 为无横梁断面和有横梁断面。

由于双主梁芯梁材料为钢材,其自身质量较大,为了防止气弹模型加劲梁中的质量大于目标值,在桥面外衣及栏杆等附属设施加工时采用尽可能轻的 ABS 板材。附录表 C-5 为模型制作完成后加劲梁质量和质量矩的综合统计。可以看出,模型加劲梁设计的质量误差和质量矩需要配置质量块来达到目标值,因此加劲梁的设计方案满足要求。

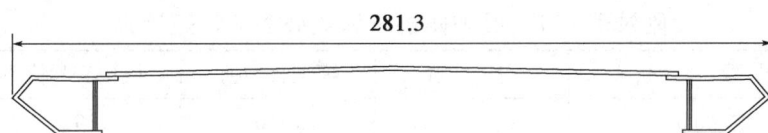

附录图 C-7　无横梁断面（尺寸单位：cm）

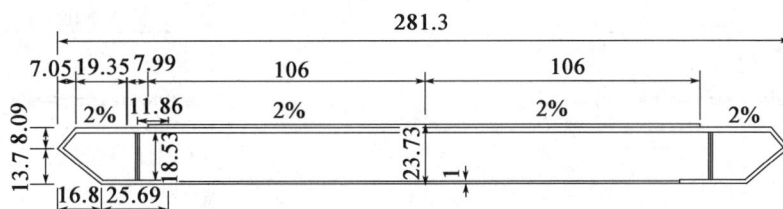

附录图 C-8　有横梁断面（尺寸单位：cm）

附录表 C-5　加劲梁质量和质量矩设计

质 量 系 数	实 桥 值	模型目标值	芯　　梁	外 衣 质 量	模型实际值	配　　重
质量（kg）	24302000	14.791	4.56	6.8	11.36	3.431
质量矩（kg·m²）	1916666163	0.08378	0.00942	0.05204	0.06146	0.02232

C.3.4　桥塔设计

气弹模型的桥塔由桥塔芯梁和桥塔外衣及配重三部分组成。其中，芯梁制作材料为 A3 钢，加工工艺采用整体线切割以保证整体刚度；外衣采用 ABS 板，其尺寸按几何缩尺比直接计算。桥塔质量相似通过配重实现。

由于桥塔芯梁塔柱之间的间距必须满足几何缩尺比，因此芯梁设计中只存在两个设计参数，即塔柱的顺桥向宽度和横桥向宽度，因而桥塔芯梁也很难同时满足与实桥在顺桥向抗弯刚度、侧向抗弯刚度以及扭转刚度三个方面同时相似。鉴于桥塔的顺桥向抗弯刚度对悬索桥整体刚度影响最大，在桥梁芯梁的设计中以满足桥梁顺桥向抗弯刚度为目标，同时考虑扭转刚度相似，而侧向抗弯刚度的偏差则不予考虑。

桥塔芯梁的设计方法与加劲梁芯梁的设计方法相似，先利用有限元模型计算了实桥桥塔的等效刚度，再以顺桥向抗弯刚度和扭转刚度为目标，通过试凑法在 ANSYS 有限元模型中确定桥塔芯梁的尺寸。附录表 C-6、附录表 C-7 分别为点军侧和西坝侧桥塔芯梁等效截面惯性矩计算及模型的设计值，附录图 C-9~附录图 C-14 为桥塔芯梁设计图。从附录表 C-6、附录表 C-7 中容易看出，桥塔芯梁的设计刚度与其目标刚度的误差非常小，桥塔芯梁的尺寸设计是可行的。

附录表 C-6　点军侧桥塔等效截面惯性矩计算

刚 度 系 数	实　　桥	模型目标值	模型实际值	误差（%）
顺桥向抗弯惯性矩（mm⁴）	331×10^{12}	2410	2392	0.77
扭转常数（mm⁴）	451×10^{12}	3712	3722	-0.27

附录表 C-7　西坝侧桥塔等效截面惯性矩计算

刚 度 系 数	实　桥	模型目标值	模型实际值	误差（%）
顺桥向抗弯惯性矩（mm⁴）	331×10^{12}	2410	2392	0.77
扭转常数（mm⁴）	451×10^{12}	3712	3722	−0.27

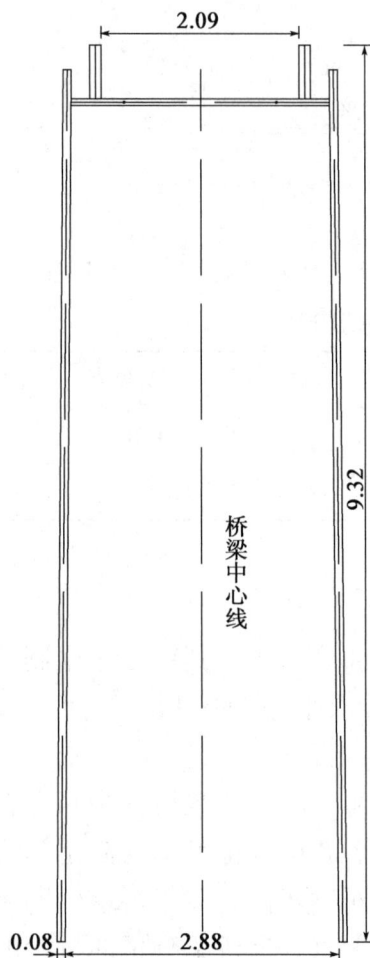

附录图 C-9　左侧桥塔芯梁整体（尺寸单位：m）　　　　附录图 C-10　右侧桥塔芯梁整体（尺寸单位：m）

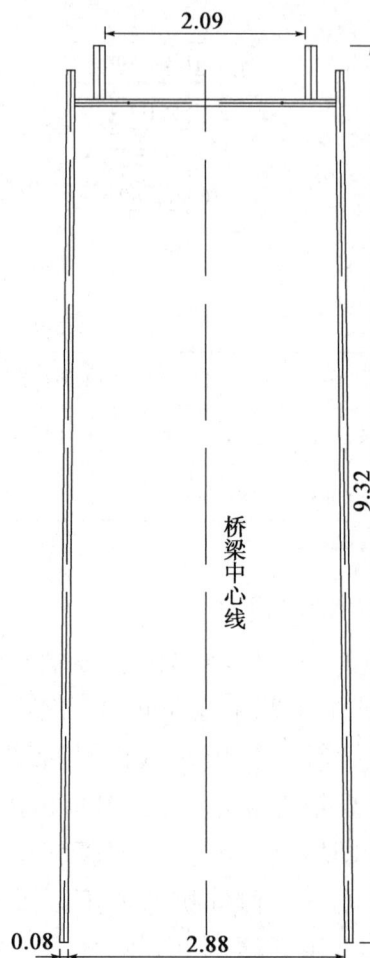

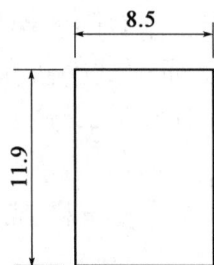

附录图 C-11　左侧桥塔芯梁截面图（尺寸单位：cm）　　　附录图 C-12　右侧桥塔芯梁截面图（尺寸单位：cm）

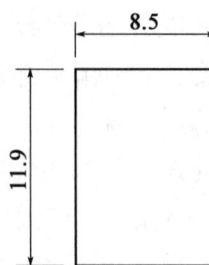

　　实桥桥塔为混凝土结构，桥塔体积较大、质量较重，模型桥塔所需配重较多，因此选择铅块作为配重材料以满足芯梁外衣内安装空间的要求。配重的质量分布跟实桥相似，配重安装完成后对桥塔的动力特性进行测试，根据测试结果再对配重的分布作细微调整至桥塔的动力特性满足目标值，附录表 C-8 为桥塔配重设计汇总表。

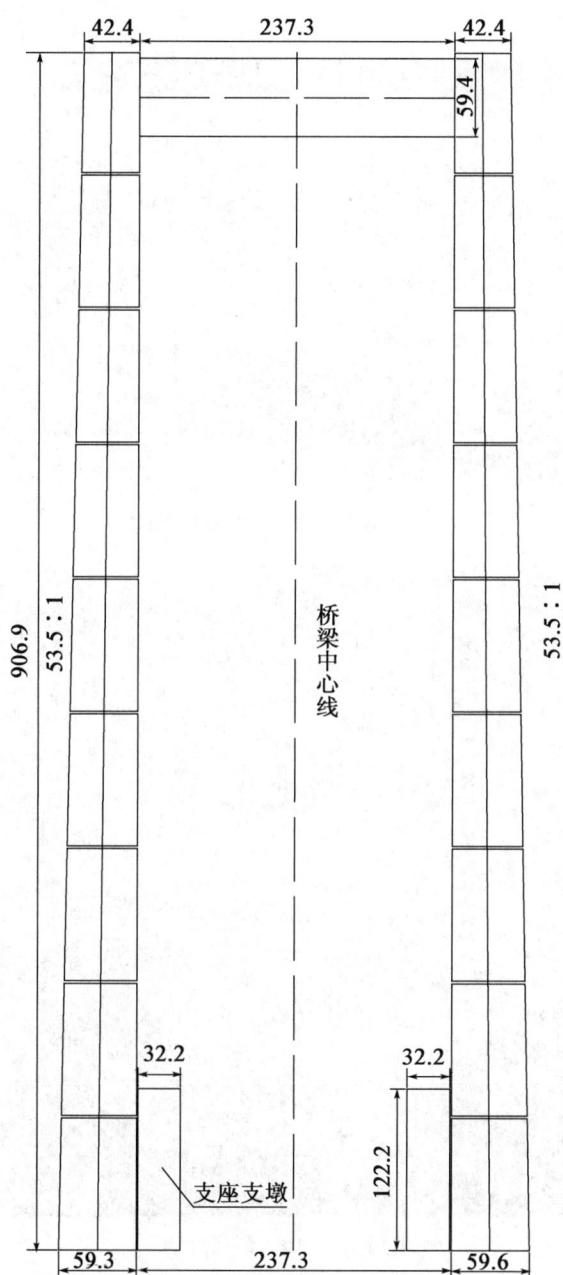

附录图 C-13 左侧桥塔外衣图（尺寸单位：cm）

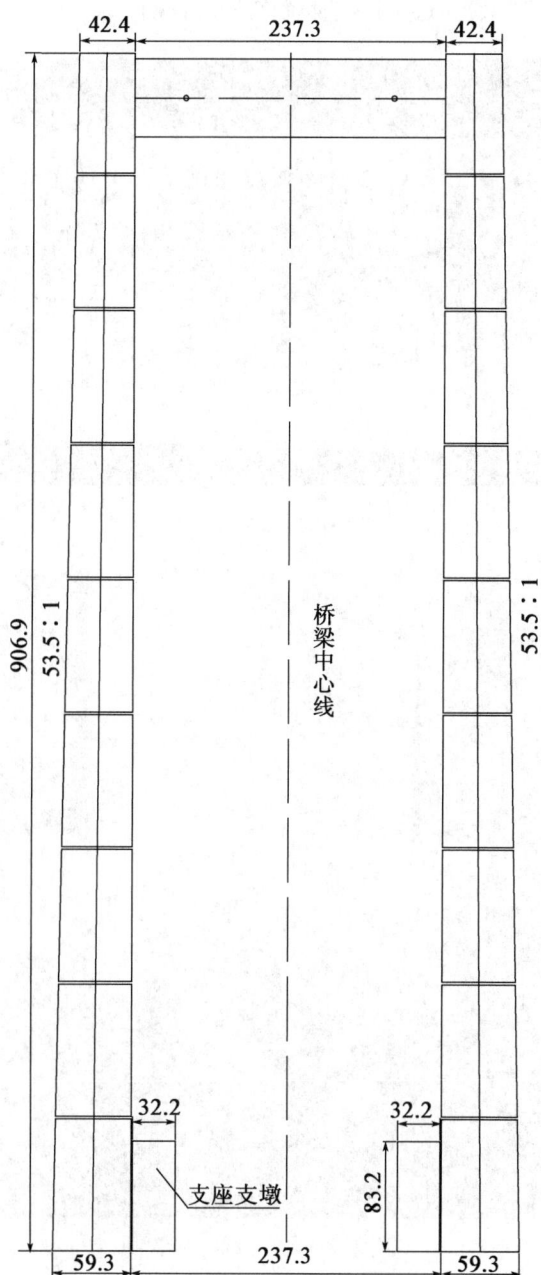

附录图 C-14 右侧桥塔外衣图（尺寸单位：cm）

附录表 C-8 桥塔配重设计汇总

配 重 设 计	实 桥 值	模型目标值	芯梁 + 外衣	配　重
左侧塔（kg）	13755292	8.372	2.85	5.5
右侧塔（kg）	13755292	8.372	2.85	5.5

C.3.5 全桥气弹模型

气弹模型的芯梁采用激光线切割方法，加劲梁芯梁长达 7.1m，分成 5 段加工后采用螺栓拼装而成。外衣采用 ABS 材料，由计算机雕刻制作而成。该大桥全桥气弹模型如附录图 C-15 ～ 附录图 C-21 所示。

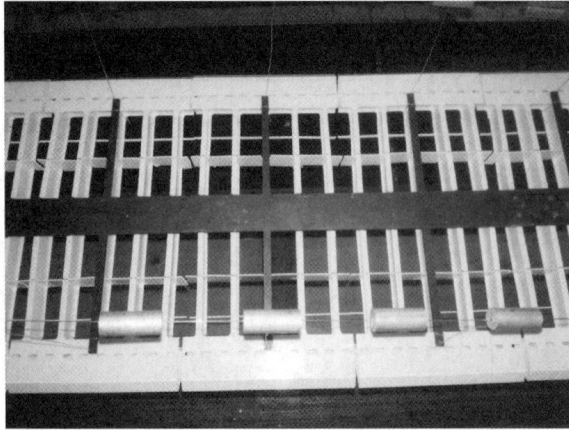
附录图 C-15　主梁外衣与芯梁

附录图 C-16　检修轨道和稳定板

附录图 C-17　桥塔芯梁

附录图 C-18　桥塔外衣

附录图 C-19　主缆及配重

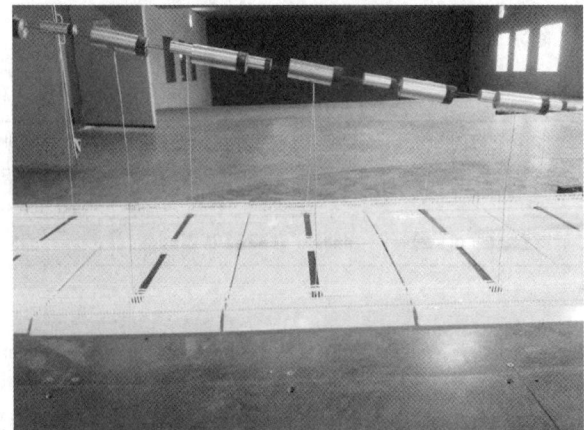
附录图 C-20　桥面及附属设施

附录图 C-21 气弹模型整体图

C. 4 气弹模型动力特性检验

气弹模型在制作中对边跨主缆形式、吊杆尺寸、加劲梁刚度等都分别作了等效处理和不同程度的简化，而且模型的加工和制作都会存在一定的误差，为了保证制作加工的气弹模型能真实地反映实桥的动力特性，需要保证制作的气弹模型在动力特性上达到模型设计的理想目标值的误差范围，为此通过人工激励的方法对桥整体进行了动力特性测试。

测量侧弯模态时加速度传感器固定在加劲梁侧向，测量竖弯和扭转模态时加速度传感器竖向固定在桥面板上。根据不同模态的特点采取不同的人工激振方式可激发出上述各阶模态，然后经过各测点的加速度幅频分析和相频分析可确定气弹模型各阶模态的频率和振型。

对测试的模态进行动力特性进行的测试结果整理见附录表 C-9。第一阶对称扭转误差为 9%，其他误差在 ±5% 以内，而该大桥的颤振又由反对称振型控制，故满足试验要求。

附录表 C-9 气弹模型频率实测值与目标值对比

振　　型	实桥频率（Hz）	模型目标频率（Hz）	模型实测值（Hz）	误差（%）	阻尼比
第一阶反对称竖弯	0.1181	1.2827	1.2695	1	0.024
第一阶对称竖弯	0.1692	1.8384	1.7578	4.4	0.0082
第一阶反对称扭转	0.2426	2.635	2.7344	−3.8	—
第一阶对称扭转	0.2702	3.0435	3.32	9	0.017

C.5 风场特性调试

C.5.1 均匀流场特性测试

该桥全桥气弹模型颤振试验所在风洞试验段尺寸为 8.5m（宽）×2.0m（高）×15m（长）。为了确保颤振试验风速下直流试验段的均匀流场流动特性满足规范要求，在试验前对直流试验段均匀流场流动特性进行了测试和分析。

采用 TFI 公司生产的眼镜蛇三维脉动风速测量仪（Cobra Probe）来测定平均风速、来流俯仰角、航偏角以及紊流强度。5 个测点沿桥梁中轴线对应位置对称地分布在试验段宽度方向，测点距离地面的高度为 45cm，与 0°风攻角颤振试验时跨中加劲梁底部距离地面的高度相同，如附录图 C-22 所示。眼镜蛇三维脉动风速测量仪垂直倒立固定在专门用于直流段风场性能测试的移动支架上，采集各个测点在不同风速下的流场数据。

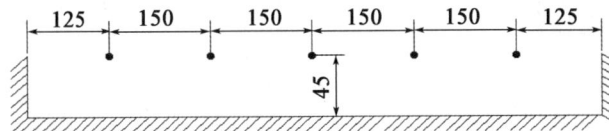

附录图 C-22　测点轴向布置图（尺寸单位：cm）

（1）紊流强度风速关系

把 5 个测点的风速均值和紊流强度均值分别作为各工况下输出的风速值和紊流强度值，得到如附录图 C-23 所示的紊流强度—风速变化曲线。

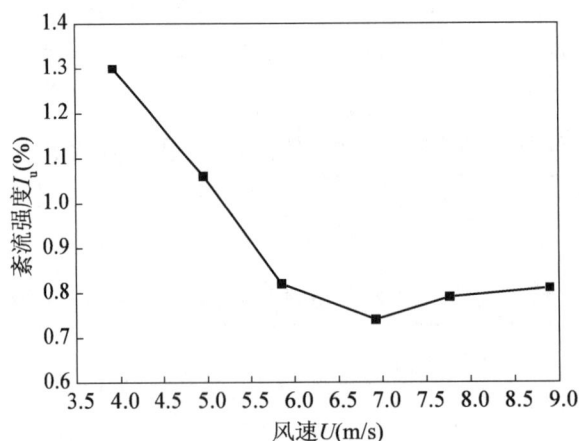

附录图 C-23　紊流强度随风速变化曲线

（2）平均风速的均匀性

流场均匀性是指气流速度在空间的分布情况。根据《公路桥梁抗风设计规范》（JTG/T D60-01—2004），在常用试验风速下，风速分布相对于平均风速的偏差不宜大于 2%。附录表 C-10 统计了各个工况下测试截面 5 个测点的最大风速偏差。

附录表 C-10 各工况下试验截面最大风速偏差

平均风速（m/s）	3.928	4.960	5.856	6.922	7.766	8.898
最大风速偏差（%）	1.80	1.41	1.78	1.99	1.47	1.60

（3）气流俯仰角及偏航角

根据《公路桥梁抗风设计规范》（JTG/T D60-01—2004），气流方向与风洞轴线方向的夹角宜满足：俯仰角 $|\alpha| \leqslant 0.5°$，偏航角 $|\beta| \leqslant 1.0°$。附录表 C-11 统计了各个工况下测试截面 5 个测点的最大俯仰角和最大偏航角。

附录表 C-11 各工况下试验截面最大俯仰角及偏航角

平均风速（m/s）	3.928	4.960	5.856	6.922	7.766	8.898
最大俯仰角（°）	0.30	0.45	0.40	0.50	0.48	0.50
最大偏航角（°）	0.74	0.36	0.34	0.40	0.36	0.36

（4）均匀流场下的风攻角调试

进行风攻角调试时测点的布置如附录图 C-24 所示，即位于桥梁中轴线方向、与跨中加劲梁底部等高的位置。

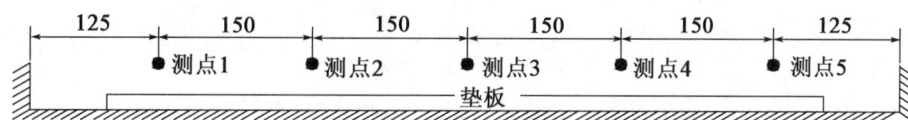

附录图 C-24 测点轴向布置（尺寸单位：m）

附录表 C-12、附录表 C-13 分别为无垫坡均匀流场和 +3°倾角垫坡两种工况下测点平均风速、测点平均紊流强度及测点平均风攻角的统计情况。采用相同方法确定了 −3°攻角时的垫坡设计，把用于 +3°风攻角的垫坡分别整体转向形成 −3°风攻角的垫坡，同时在负倾角垫坡前设置一段正攻角垫坡，让风场可以逐渐平稳地从正攻角过渡到负攻角。负攻角垫坡的结构示意图如附录图 C-25 所示。

附录表 C-12 无垫坡均匀流场

平均风速（m/s）	平均紊流强度（%）	平均风攻角（°）
3.84	2.4	2.7
5.31	1.2	2.7

附录表 C-13 +3°垫坡均匀流场

平均风速（m/s）	平均紊流强度（%）	平均风攻角（°）	实际风攻角（°）
3.78	3.01	6.4	3.7
5.42	1.2	6.3	3.6

注：+3°垫坡工况下的实际风攻角 = 该工况下平均风攻角 − 无垫坡工况下平均风攻角。

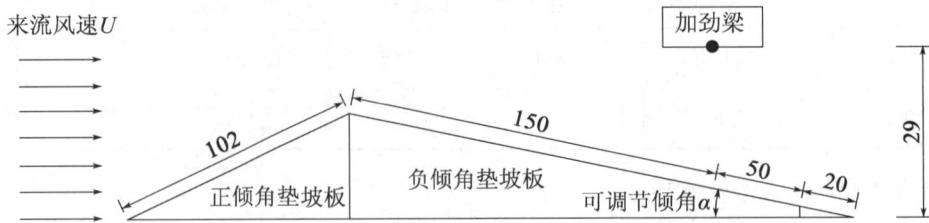

附录图 C-25　负攻角垫坡结构示意图（尺寸单位：cm）

C.5.2　紊流场特性测试

紊流场采用 B 类风场，在桥面处的紊流强度达到 12%。采用矩形粗糙元加尖劈布置风场，如附录图 C-26 所示。附录表 C-14 给出了不同风速下对应的紊流强度。

附录图 C-26　紊流风场中的尖劈和粗糙元布置

附录表 C-14　不同风速下的紊流强度

电压值（V）	风速（m/s）	紊流强度（%）
3.5	2.78	13.0
4.5	3.73	11.6
5.6	4.84	11.1
6.4	5.68	11.0
7.2	6.51	10.9

C.6　均匀流场下的颤振试验

C.6.1　试验工况

全桥气弹模型颤振试验的主要目的是确定大桥在多种来流风攻角下的颤振临界风速，为实桥颤振临界风速的确定提供参考，检验实桥的颤振稳定性。根据前期已有成果，颤振稳定性检验试验风速风攻角为 −3°、0°和 +3°，同时进行了 ±15°来流风偏角下的颤振稳定性试验，其中风偏角以右侧为正，左侧为负。在跨中沿桥面中心线及四分之一处对称布置了两个加速度传感器，加速度信号采集系统为江苏东华测试技术有限公司的 DH5920 动态信号采集测试系统,采样频率为 200Hz,采样时间约 60s。眼镜蛇三维脉动风速测量仪固定在移测架上,位于跨中桥面正前方,以此处采集的风速作为桥面处的参考风速。加速度传感器及风速仪的布置如附录图 C-27 所示。附录图 C-28 ~ 附录图 C-32 为各试验工况下的气弹模型。

附录图 C-27　加速度传感器及风速仪布置

附录图 C-28　0°风攻角颤振试验

附录图 C-29　+3°风攻角颤振试验

附录图 C-30　-3°风攻角颤振试验

附录图 C-31　+15°风偏角颤振试验

附录图 C-32　-15°风偏角下颤振试验

C.6.2　颤振试验结果及分析

附录图 C-33、附录图 C-34 分别为各试验工况下跨中扭转加速度均方差和跨中竖向加速度根方差随风速的变化曲线。各工况下，跨中扭转加速度根方差都会经历先缓增后陡增的过程，表明发生了颤振。在较低的风速下加劲梁就会出现较明显的小幅扭转振动，但在颤振发生之前各风速下的跨中扭转加速度均方差值都较小，加劲梁的振动以特征索流引起的随机抖振为主，当风速达到颤振临界风速时，跨中扭转位移突然呈发散性增加。

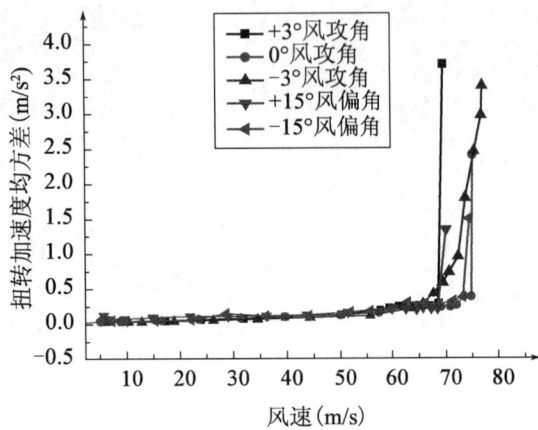

附录图 C-33　加劲梁跨中扭转加速度均方差　　　附录图 C-34　加劲梁跨中竖向加速度均方差

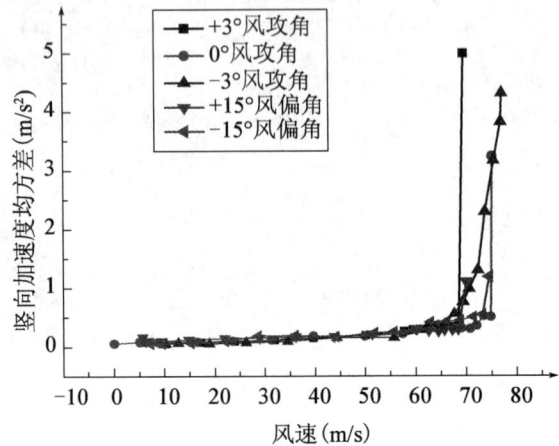

全桥气弹模型颤振试验结果见附录表 C-15。在 +3°来流风攻角下，大桥的颤振临界风速最低，但也远高于颤振临界风速检验值 44.6m/s。在 0°风攻角时的三种不同风偏角颤振试验表明，对于本桥来说，15°风偏角更为不利。但从结果看，风偏角对试验结果影响很小。

附录表 C-15　气弹模型颤振临界风速

试验流场	风偏角（°）	风攻角（°）	颤振风速（m/s）		实桥颤振检验风速（m/s）
			模型	实桥	
均匀流	0	+3	6.36	69.1	44.6
		0	6.6	72	
		−3	5.9	64	
	15	0	6.45	70.1	
	−15	0	6.70	72.8	

C.7　紊流场下的风洞试验

C.7.1　试验工况

对全桥气弹模型进行了紊流场下 +3°、0° 和 −3° 来流风攻角的随机抖振风洞试验。采用激光位移计和江苏东华测试技术有限公司的 DH5920 动态信号采集测试系统采集不同风速下的主梁位移时程曲线，激光位移计在跨中和四分之一处上下游对称布置，如附录图 C-35 所示。

附录图 C-35　紊流场下全桥气弹模型试验及激光位移计布置

C.7.2　试验结果

附录图 C-36、附录图 C-37 分别为三种攻角下主跨跨中和 1/4 主跨位置的竖向位移均方差随风速的变化曲线。与均匀流场不同，随着风速的增加，加劲梁跨中及 1/4 主跨位置的位移逐渐增大。在设计风速下，0°风攻角时加劲梁跨中及四分点的竖向抖振位移试验值分别为 0.152m 和 0.106m。

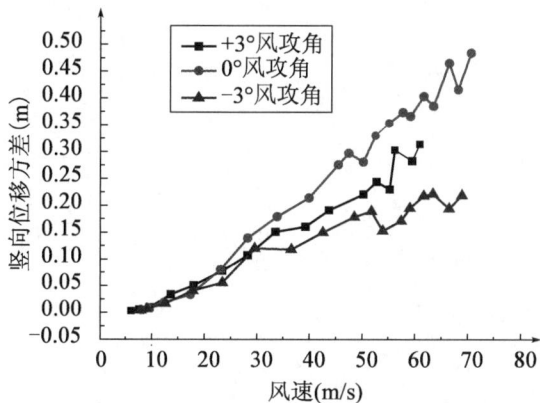

附录图 C-36　加劲梁跨中处抖振位移
响应随风速变化曲线

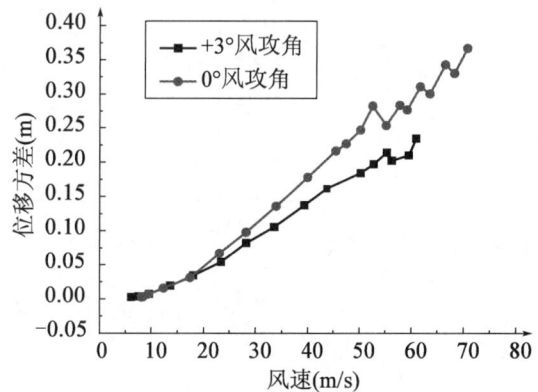

附录图 C-37　加劲梁 1/4 跨处抖振位移
响应随风速变化曲线

紊流场的颤振临界风速结果汇总见附录表 C-16。紊流场中的颤振临界风速要大于均匀流场中的颤振临界风速，但考虑到紊流场风速变化比较大，为保证试验安全，在试验风速范围内，没有观测到颤振。

附录表 C-16　紊流场下的颤振临界风速

风　　场	风攻角（°）	风洞风速（m/s）	实际风速（m/s）	实桥检验风速（m/s）
紊流场	+3	>5.61	>61.0	44.6
	0	>6.51	>70.7	
	-3	>6.35	>69.0	

附录 D 斜拉索模型风洞试验方法

D.1 雷诺数效应

雷诺数 *Re* 代表了惯性力与黏性力之比。当雷诺数 *Re* 不断增大时，流体的流动将会出现一系列变化很大的流动现象，并引发气动特性的改变，称为"雷诺数效应"。例如：斜拉索阻力系数在亚临界时为 1.2；临界区，阻力系数急剧下降，减小到 0.3 左右；超临界区，阻力系数缓慢增加，增大到 0.5 左右；高超临界区，阻力系数不再发生明显的变化，如附录图 D-1 所示。

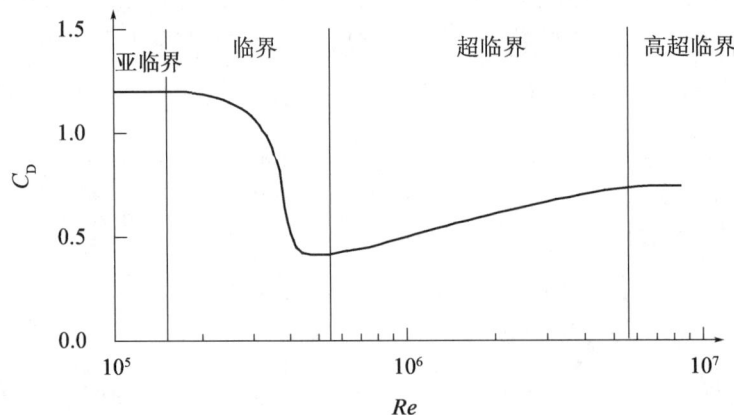

附录图 D-1 光滑表面斜拉索阻力系数随雷诺数的变化规律

D.2 斜拉索气动力影响参数

斜拉索风洞试验中，影响斜拉索气动特性的主要参数包括 4 个方面：①湍流度；②表面粗糙度；③阻塞度；④长细比，如附录图 D-2 所示。

附录图 D-3 为不同湍流度斜拉索阻力系数随雷诺数的变化规律。湍流状态下斜拉索的临界雷诺数低于均匀流。湍流度越大，最小阻力系数越大[24]。

附录图 D-4 为不同粗糙度斜拉索阻力系数随雷诺数的变化规律。粗糙表面斜拉索的临界雷诺数低于光滑表面斜拉索。斜拉索表面越粗糙，最小阻力系数越大。

附录图 D-5 为斜拉索阻力系数随阻塞度的变化规律。随着阻塞度的增大，斜拉索阻力系数逐渐增大。

附录图 D-6 为斜拉索阻力系数随长细比的变化规律。随着长细比的增大，斜拉索阻力系数逐渐减小。

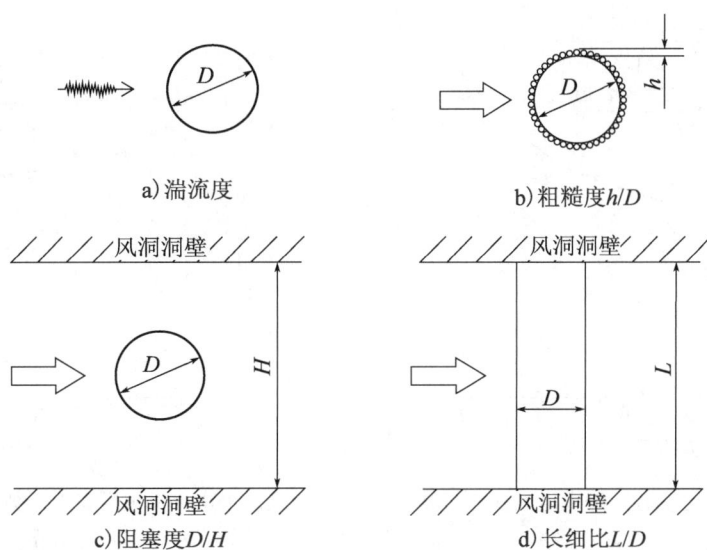

a) 湍流度

b) 粗糙度 h/D

c) 阻塞度 D/H

d) 长细比 L/D

附录图 D-2　影响斜拉索气动力的主要参数

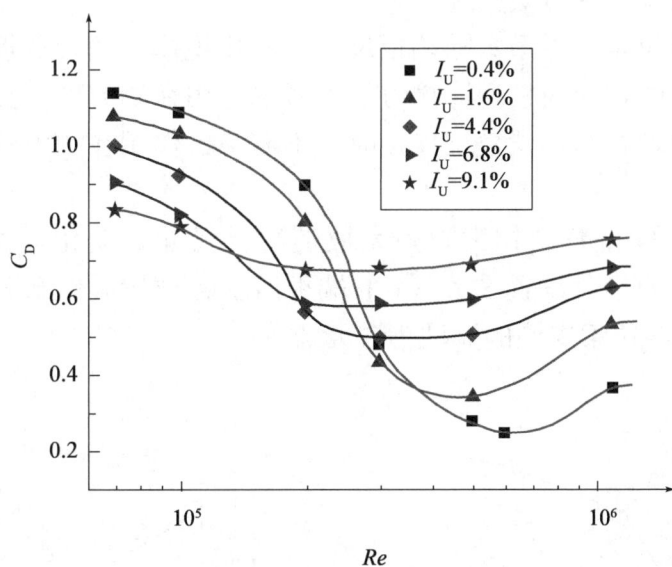

附录图 D-3　不同湍流度斜拉索阻力系数随雷诺数的变化曲线

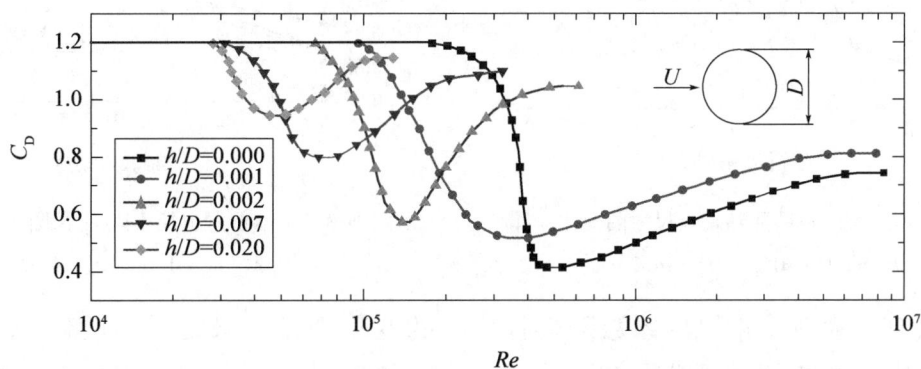

图 D-4　不同粗糙度斜拉索阻力系数随雷诺数的变化曲线

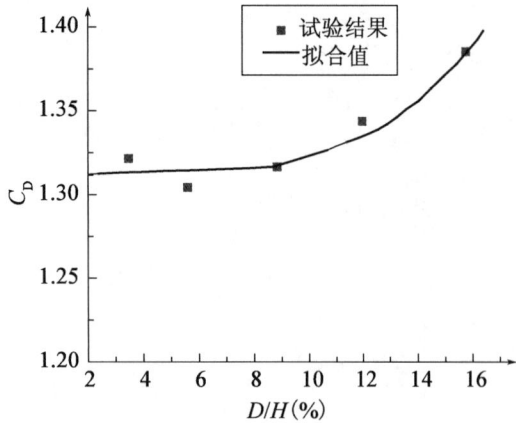

附录图 D-5 斜拉索阻力系数随阻塞度的变化规律
（ $Re = 4.5 \times 10^4$, $L/D = 6$ ）

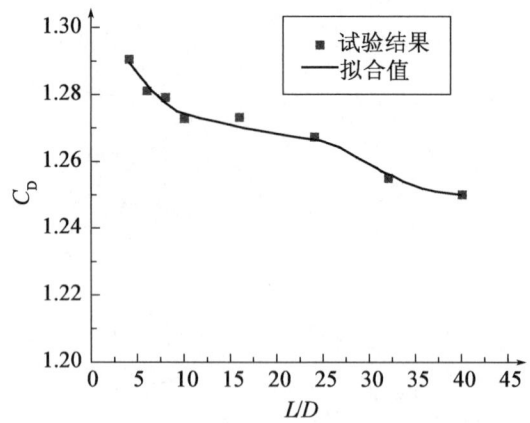

附录图 D-6 斜拉索阻力系数随长细比的变化规律
（ $Re = 2.2 \times 10^4$, $D/H = 0.035$ ）

为了在长细比较小的情况下，得到斜拉索的工作环境下的静力三分力系数，在斜拉索模型端部设置端板是一种有效措施。

附录图 D-7 为斜拉索阻力系数随端板尺寸的变化规律。随着端板尺寸的增大，阻力系数逐渐增大，设置的端板与模型连接时，需考虑作用在测力模型支撑装置和端板上的气动力修正；设置的端板与补偿模型连接时，不需考虑作用在测力模型支撑装置和端板上的气动力修正。

附录图 D-8 为不同位置斜拉索阻力系数随端板尺寸的变化规律。未设置端板时，各位置阻力系数差异明显，设置 $S/D = 4$ 的端板后，各位置处与理论值（1.2）的误差小于 3%，可以认为斜拉索周围的流动为二元流动。

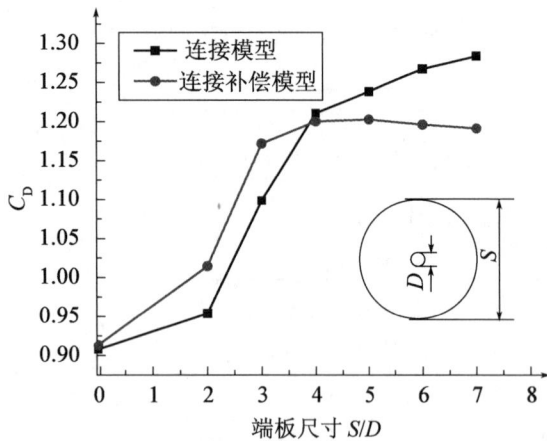

附录图 D-7 斜拉索阻力系数随端板尺寸的变化规律
（ $Re = 1.0 \times 10^5$, $L/D = 14.3$ ）

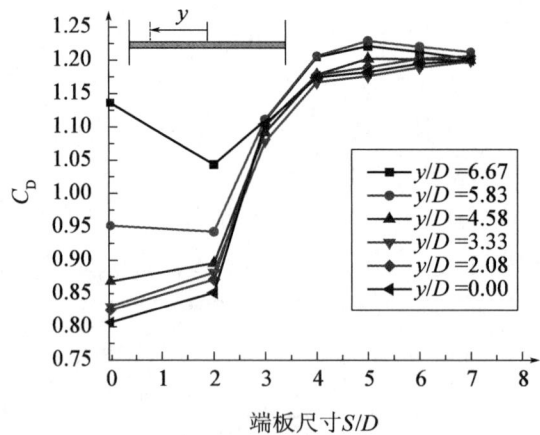

录图 D-8 不同位置斜拉索阻力系数随端板尺的变化规律（ $Re = 1.0 \times 10^5$, $L/D = 14.3$ ）

附录图 D-9 为斜拉索风压系数随端板尺寸的变化规律。未设置端板时，端部的流体分离不仅对边缘位置的风压分布有影响，对中间位置风压分布的影响也不能忽略；设置 $S/D = 4$ 的端板后，斜拉索风压系数不再随端板尺寸改变发生明显变化。

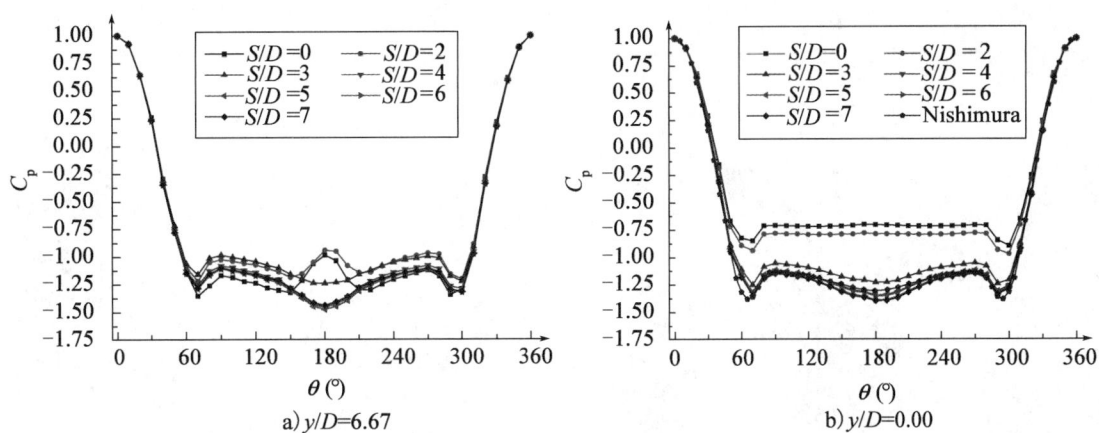

a) $y/D=6.67$　　　　　　b) $y/D=0.00$

附录图 D-9　斜拉索风压系数随端板尺寸的变化规律（$Re=1.0\times10^{5}$，$L/D=14.3$）

D.3　斜拉索抑振措施

目前通过空气动力学措施、机械措施、结构措施来抑制斜拉索的振动。空气动力学措施是通过改变斜拉索的气动外形，抑制振动的发生，主要包括：表面凸起、表面凹坑、表面缠绕螺旋线，如附录图 D-10 所示。

a) 表面凸起

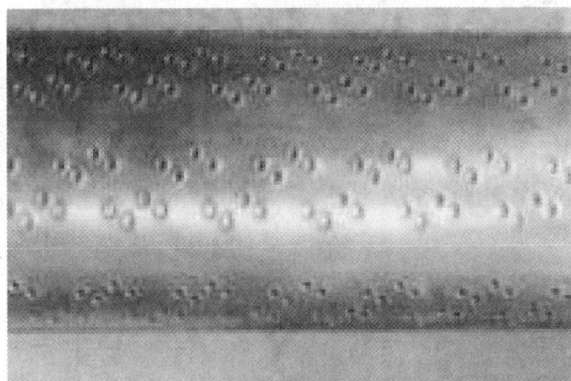

b) 表面凹坑

c) 表面缠绕螺旋线

附录图 D-10　空气动力学措施

— 99 —

机械措施是通过连接的阻尼器吸收斜拉索振动的能量，从而达到抑制斜拉索振动的目的。常见的阻尼器包括：橡胶阻尼器、油压阻尼器、黏滞剪切型阻尼器和磁流变阻尼器，如附录图 D-11 所示。

a)橡胶阻尼器

b)油压阻尼器

c)黏滞剪切型阻尼器

d)磁流变阻尼器

附录图 D-11　机械措施

结构措施是通过一根或多根辅助索将原有的斜拉索连接起来形成索网。这种方法减小了斜拉索的自由长度，提高了结构的整体刚度，因此可以有效抑制斜拉索的振动，如附录图 D-12 所示。

D.4　斜拉索风雨振

斜拉索风雨激振是斜拉索在一定风速范围、降雨量和斜拉索空间姿态等条件下发生的一种大幅低频振动。风洞试验中由于模型长度有限，形成的雨线不足够长，引发的气动力比真实环境的要小，因此可以减小模型的质量，便于风雨振的重现。附录表 D-1 列出了以往风雨振风洞试验研究中，模型质量、系统频率、阻尼比等参数的选取。

附录图 D-12　结构措施

附录表 D-1　风雨振研究中参数选取

研究者	模型长度 （m）	频率 （Hz）	$m_{模型}$ （kg/m）	ζ （%）	D （mm）	$S_{c,m}=\dfrac{4\pi m\zeta}{\rho D^2}$	$m_{实际}$ （kg/m）	$S_{c,R}=\dfrac{4\pi m\zeta}{\rho D^2}$	Sc 比值 （%）
李永乐等	2.7	0.75		0.27	200				
周友全等		0.7	28.2	0.1	169		117	42.0	
覃虹等	2	0.9	12.1	0.095	135	6.2	76.9	43.3	14
覃虹等	2	0.63	15.2	0.099	165	5.7	110	41.4	14
顾明等	2.5	1	6	0.14	120	5.98	60	42.7	14
李文勃等	3.5	1.4375	6.54	0.217	120	9.9	60	42.7	23
李文勃等	2.5	0.916	8.24	0.12	139	5.14	80.8	42.9	12
许林汕等		1.2	8.57	0.12	139	5.34	80.8	42.9	12
许林汕等		0.906	10.4		166				
许林汕等		0.891	11.3		180				
李明水等	2.72	0.91	23.2	0.1~1	139	11.3~124.3	80.8	42.9	26~290
李明水等	2.72	0.66	33.9	0.1~0.8	158	17.6~105.5	100.8	41.4	18~255
李明水等	2.72	0.63	31.5	0.1~0.9	169	11.3~104.2	117	42.0	27~248
郭志辉等	2.72	0.93	23.2	0.0095	139	11.7	51.3 (80.8)	26.4 (42.9)	44 (28)
郭志辉等	2.72	0.63	31.5	0.099	169	11.3	118.9 (117)	42.7 (42)	26 (27)
陈兵等	2	1.03	3.2	0.08	139	1.4	80.8	42.3	3

续附录表 D-1

研究者	模型长度（m）	频率（Hz）	$m_{模型}$（kg/m）	ζ（%）	D（mm）	$S_{c,m}=\dfrac{4\pi m\zeta}{\rho D^2}$	$m_{实际}$（kg/m）	$S_{c,R}=\dfrac{4\pi m\zeta}{\rho D^2}$	Sc 比值（%）
刘庆宽等	2.5	0.91	7.9	0.12	90	12.0	29.8	37.7	32
刘庆宽等	2.5	0.91	8.92	0.12	110	9.1	48.5	41.1	22
刘庆宽等	2.5	1.03	16	0.11	155	7.5	96.9	41.35	18
刘庆宽等	2.5	0.91	23.2	0.12	160	10.92	107.5	43.1	25
陈文礼等	2	0.952	8.58	0.17	100	14.95	39.1	40.1	37
Flamand 等	7	1	16	0.1	168	6	60（117）	20（42.5）	30（14）
A. Bosdogianni	0.37	10.5	1	0.35	40	22.4	40（39.1）	28~81（40.1）	27~80（56）
D. Zuo 等			2.14		91				
R. Scott Phelan 等	0.97	1.3		0.25	102	7.6	39.7	39.1	19
Hikimi 等	2.6	1 2 3			140	13.3	51（80.8）	26.7（42.9）	50（31）
S. Zhan 等	2.13	1.2	11.9	0.05~0.5	140	3.1~31.5	80.8	42.3	7~74

参考文献

[1] 中华人民共和国行业标准.JTG D60—2015 公路桥涵设计通用规范[S].北京:人民交通出版社股份有限公司,2015.

[2] 中华人民共和国行业标准.JTG/T D60-01—2004 公路桥梁抗风设计规范[S].北京:人民交通出版社,2004.

[3] 威尔利亚姆·H·雷,艾伦·波普.低速风洞试验[M].范洁川,祁炳春,陈永魁,沈济全,张国琳,汪瑞富,郝卫东,译.《空气动力实验与研究》编辑部,1988.

[4] 《公路桥梁抗风设计指南》编写组.公路桥梁抗风设计指南[M].北京:人民交通出版社,1996.

[5] 马婷婷.大跨度桥梁结构动力与气弹的精细化数值和物理模拟[D].上海:同济大学,2014.

[6] 翁祥颖.桥梁模型风洞试验非完全相似模拟及敏感性分析[D].上海:同济大学,2016.

[7] 虞乐宸.桥梁节段模型实验相似参数及敏感性研究[D].上海:同济大学,2012.

[8] 王德智.闭口箱梁几何外形的空气动力性能优化[D].上海:同济大学,2013.

[9] 张志田,陈政清.桥梁节段与实桥涡激共振幅值的换算关系[J].土木工程学报,2011,44(7):77-82.

[10] 易坤涛.桥塔自立状态气弹模型试验相似方法及试验研究[D].上海:同济大学,2012.

[11] 丁志斌.缆索承重桥梁桥塔自立状态涡激共振及其控制试验研究[D].上海:同济大学,2006.

[12] Ma C, Duan Q, Liao H. Experimental investigation on aerodynamic behavior of a long span cable-stayed bridge under construction, KSCE J Civ Eng (2017). https://doi.org/10.1007/s12205-017-0402-7.

[13] 丁静.方形截面桥塔的驰振机理及气动制振措施研究[D].成都:西南交通大学,2015.

[14] MA Cunming, LIAO Haili, LI Mingshui. Wind Tunnel Study on Free Standing Bridge Towers in the Construction Stages,6th European and African Conference on Wind Engineering,Cambridge,2013. http://iawe.org/Proceedings/EACWE2013/C. Ma. pdf.

[15] 刘仰昭.倒角方形桥塔气动性能风洞试验及减振措施研究[D].成都:西南交通大学,2013.

［16］ Zhang Z T,Ge Y J,Yang Y X. Torsional stiffness degradation and aerostatic divergence of suspension bridge decks［J］. Journal of Fluids and Structures,2013,40:269-283.

［17］ 郑云飞,刘庆宽,刘小兵,等.端部状态对斜拉索节段模型气动特性的影响［J］.工程力学,2017,34(S1):192-196.

［18］ West G S,Apelt C J. The effects of tunnel blockage and aspect ratio on the mean flow past a circular cylinder with Reynolds numbers between 10^4 and 10^5［J］. Journal of Fluid Mechanics,1982,114(114):361-377.

［19］ 日本本州四国连络桥工团.本州四国连络桥耐风设计基准(同解说)［M］.2001.

［20］ British Standards Institution. Eurocode 1:Actions on structures-Part 1-4:General actions-Wind actions (BS EN 1991-1-4:2005)［S］. 2005.

［21］ American association of state highway and transportation officials. AASHTO LRFD Bridge Design Specifications (SI Units Third Edition,2005 Interim Revisions)［S］. 2005.

［22］ 中华人民共和国行业标准. JTG/T D65-05—2015 公路悬索桥设计规范［S］.北京:人民交通出版社股份有限公司,2016.

［23］ 刘弋.缆索承重桥梁结构模态阻尼的理论模型、识别方法和统计特征［D］.上海:同济大学,2014.

［24］ Cheung J C K,Melbourne W H. Turbulence effects on some aerodynamic parameters of a circular cylinder at supercritical numbers［J］. Journal of Wind Engineering and Industrial Aerodynamics,1983,14(1-3):399-410.